FRIEDRICH NIETZSCHE

Zur Genealogie der Moral

Eine Streitschrift

NACHWORT VON
VOLKER GERHARDT

PHILIPP RECLAM JUN. STUTTGART

Universal-Bibliothek Nr. 7123 [3]
Alle Rechte vorbehalten. © 1988 Philipp Reclam jun., Stuttgart
Gesamtherstellung: Reclam, Ditzingen. Printed in Germany 1988
ISBN 3-15-007123-2

Vorrede.

1.

Wir sind uns unbekannt, wir Erkennenden, wir selbst uns selbst: das hat seinen guten Grund. Wir haben nie nach uns gesucht, – wie sollte es geschehn, dass wir eines Tags uns fänden? Mit Recht hat man uns gesagt: »wo euer Schatz ist, da ist auch euer Herz«; unser Schatz ist, wo die Bienenkörbe unsrer Erkenntniss stehn. Wir sind immer dazu unterwegs, als geborne Flügelthiere und Honigsammler des Geistes, wir kümmern uns von Herzen eigentlich nur um Eins – Etwas »heimzubringen«. Was das Leben sonst, die sogenannten »Erlebnisse« angeht, – wer von uns hat dafür auch nur Ernst genug? Oder Zeit genug? Bei solchen Sachen waren wir, fürchte ich, nie recht »bei der Sache«: wir haben eben unser Herz nicht dort – und nicht einmal unser Ohr! Vielmehr wie ein Göttlich-Zerstreuter und In-sich-Versenkter, dem die Glocke eben mit aller Macht ihre zwölf Schläge des Mittags in's Ohr gedröhnt hat, mit einem Male aufwacht und sich fragt »was hat es da eigentlich geschlagen?« so reiben auch wir uns mitunter hinterdrein die Ohren und fragen, ganz erstaunt, ganz betreten »was haben wir da eigentlich erlebt? mehr noch: wer sind wir eigentlich?« und zählen nach, hinterdrein, wie gesagt, alle die zitternden zwölf Glockenschläge unsres Erlebnisses, unsres Lebens, unsres Seins – ach! und verzählen uns dabei ... Wir bleiben uns eben nothwendig fremd, wir verstehn uns nicht, wir müssen uns ver[248]wechseln, für uns heisst der Satz in alle Ewigkeit »Jeder ist sich selbst der Fernste«, – für uns sind wir keine »Erkennenden« ...

2.

– Meine Gedanken über die Herkunft unserer morali-schen Vorurtheile – denn um sie handelt es sich in dieser Streitschrift – haben ihren ersten, sparsamen und vorläufigen

Ausdruck in jener Aphorismen-Sammlung erhalten, die den
Titel trägt »Menschliches, Allzumenschliches. Ein Buch für
freie Geister«, und deren Niederschrift in Sorrent begonnen
wurde, während eines Winters, welcher es mir erlaubte,
Halt zu machen wie ein Wandrer Halt macht und das weite
und gefährliche Land zu überschauen, durch das mein Geist
bis dahin gewandert war. Dies geschah im Winter 1876–77;
die Gedanken selbst sind älter. Es waren in der Hauptsache
schon die gleichen Gedanken, die ich in den vorliegenden
Abhandlungen wieder aufnehme: – hoffen wir, dass die
lange Zwischenzeit ihnen gut gethan hat, dass sie reifer,
heller, stärker, vollkommner geworden sind! D a s s ich aber
heute noch an ihnen festhalte, dass sie sich selber inzwischen
immer fester an einander gehalten haben, ja in einander
gewachsen und verwachsen sind, das stärkt in mir die frohe
Zuversichtlichkeit, sie möchten von Anfang an in mir nicht
einzeln, nicht beliebig, nicht sporadisch entstanden sein,
sondern aus einer gemeinsamen Wurzel heraus, aus einem in
der Tiefe gebietenden, immer bestimmter redenden, immer
Bestimmteres verlangenden G r u n d w i l l e n der Erkenntniss. So allein nämlich geziemt es sich bei einem Philosophen. Wir haben kein Recht darauf, irgend worin e i n z e l n
zu sein: wir dürfen weder einzeln irren, noch einzeln die
Wahrheit treffen. Vielmehr mit der Nothwendigkeit, mit
der ein Baum seine Früchte trägt, wachsen aus uns unsre
Gedanken, unsre Werthe, unsre Ja's und Nein's und Wenn's
und Ob's – verwandt und bezüglich alle[249]sammt unter
einander und Zeugnisse Eines Willens, Einer Gesundheit,
Eines Erdreichs, Einer Sonne. – Ob sie e u c h schmecken,
diese unsre Früchte? – Aber was geht das die Bäume an! Was
geht das u n s an, uns Philosophen! ...

3.

Bei einer mir eignen Bedenklichkeit, die ich ungern einge-
stehe – sie bezieht sich nämlich auf die M o r a l, auf Alles,
was bisher auf Erden als Moral gefeiert worden ist –, einer

Bedenklichkeit, welche in meinem Leben so früh, so unaufgefordert, so unaufhaltsam, so in Widerspruch gegen Umgebung, Alter, Beispiel, Herkunft auftrat, dass ich beinahe das Recht hätte, sie mein »A priori« zu nennen, – musste meine Neugierde ebenso wie mein Verdacht bei Zeiten an der Frage Halt machen, welchen Ursprung eigentlich unser Gut und Böse habe. In der That gieng mir bereits als dreizehnjährigem Knaben das Problem vom Ursprung des Bösen nach: ihm widmete ich, in einem Alter, wo man »halb Kinderspiele, halb Gott im Herzen« hat, mein erstes litterarisches Kinderspiel, meine erste philosophische Schreibübung – und was meine damalige »Lösung« des Problems anbetrifft, nun, so gab ich, wie es billig ist, Gott die Ehre und machte ihn zum Vater des Bösen. Wollte es gerade s o mein »A priori« von mir? jenes neue, unmoralische, mindestens immoralistische »A priori« und der aus ihm redende ach! so anti-Kantische, so rätselhafte »kategorische Imperativ«, dem ich inzwischen immer mehr Gehör und nicht nur Gehör geschenkt habe? ... Glücklicher Weise lernte ich bei Zeiten das theologische Vorurtheil von dem moralischen abscheiden und suchte nicht mehr den Ursprung des Bösen h i n t e r der Welt. Etwas historische und philologische Schulung, eingerechnet ein angeborner wählerischer Sinn in Hinsicht auf psychologische Fragen überhaupt, verwandelte in Kürze mein Problem in das andre: unter welchen Bedingungen erfand sich [250] der Mensch jene Werthurtheile gut und böse? und welchen Werth haben sie selbst? Hemmten oder förderten sie bisher das menschliche Gedeihen? Sind sie ein Zeichen von Nothstand, von Verarmung, von Entartung des Lebens? Oder umgekehrt, verräth sich in ihnen die Fülle, die Kraft, der Wille des Lebens, sein Muth, seine Zuversicht, seine Zukunft? – Darauf fand und wagte ich mir mancherlei Antworten, ich unterschied Zeiten, Völker, Ranggrade der Individuen, ich spezialisirte mein Problem, aus den Antworten wurden neue Fragen, Forschungen, Vermuthungen, Wahrscheinlichkeiten: bis ich endlich ein eignes Land, einen eignen Boden hatte, eine ganze verschwiegene wachsende blühende Welt, heimliche Gärten gleichsam, von denen Niemand Etwas ahnen durfte ... Oh wie wir glücklich sind, wir Erkennenden, vorausgesetzt, dass wir nur lange genug zu schweigen wissen! ...

4.

Den ersten Anstoss, von meinen Hypothesen über den Ursprung der Moral Etwas zu verlautbaren, gab mir ein klares, sauberes und kluges, auch altkluges Büchlein, in welchem mir eine umgekehrte und perverse Art von genealogischen Hypothesen, ihre eigentlich englische Art, zum ersten Male deutlich entgegentrat, und das mich anzog – mit jener Anziehungskraft, die alles Entgegengesetzte, alles Antipodische hat. Der Titel des Büchleins war »der Ursprung der moralischen Empfindungen«; sein Verfasser Dr. Paul Rée; das Jahr seines Erscheinens 1877. Vielleicht habe ich niemals Etwas gelesen, zu dem ich dermaassen, Satz für Satz, Schluss für Schluss, bei mir Nein gesagt hätte wie zu diesem Buche: doch ganz ohne Verdruss und Ungeduld. In dem vorher bezeichneten Werke, an dem ich damals arbeitete, nahm ich gelegentlich und ungelegentlich auf die Sätze jenes Buchs Bezug, nicht indem ich sie widerlegte – was habe ich mit Widerlegungen zu schaffen! – sondern, wie [251] es einem positiven Geiste zukommt, an Stelle des Unwahrscheinlichen das Wahrscheinlichere setzend, unter Umständen an Stelle eines Irrthums einen andern. Damals brachte ich, wie gesagt, zum ersten Male jene Herkunfts-Hypothesen an's Tageslicht, denen diese Abhandlungen gewidmet sind, mit Ungeschick, wie ich mir selbst am letzten verbergen möchte, noch unfrei, noch ohne eine eigne Sprache für diese eignen Dinge und mit mancherlei Rückfälligkeit und Schwankung. Im Einzelnen vergleiche man, was ich Menschl. Allzumenschl. S. 51 über die doppelte Vorgeschichte von Gut und Böse sage (nämlich aus der Sphäre der Vornehmen und der der Sklaven); insgleichen S. 119 ff. über

Werth und Herkunft der asketischen Moral; insgleichen S. 78. 82. II, 35 über die »Sittlichkeit der Sitte«, jene viel ältere und ursprünglichere Art Moral, welche toto coelo von der altruistischen Werthungsweise abliegt (in der Dr. Rée, gleich allen englischen Moralgenealogen, die moralische Werthungsweise an sich sieht); insgleichen S. 74. Wanderer S. 29. Morgenr. S. 99 über die Herkunft der Gerechtigkeit als eines Ausgleichs zwischen ungefähr Gleich-Mächtigen (Gleichgewicht als Voraussetzung aller Verträge, folglich alles Rechts); insgleichen über die Herkunft der Strafe Wand. S. 25. 34., für die der terroristische Zweck weder essentiell, noch ursprünglich ist (wie Dr. Rée meint: – er ist ihr vielmehr erst eingelegt, unter bestimmten Umständen, und immer als ein Nebenbei, als etwas Hinzukommendes).

5.

Im Grunde lag mir gerade damals etwas viel Wichtigeres am Herzen als eignes oder fremdes Hypothesenwesen über den Ursprung der Moral (oder, genauer: letzteres allein um eines Zweckes willen, zu dem es eins unter vielen Mitteln ist). Es handelte sich für mich um den Werth der Moral, – und darüber hatte ich mich fast allein mit meinem grossen Lehrer Schopenhauer [252] auseinanderzusetzen, an den wie an einen Gegenwärtigen jenes Buch, die Leidenschaft und der geheime Widerspruch jenes Buchs sich wendet (– denn auch jenes Buch war eine »Streitschrift«). Es handelte sich in Sonderheit um den Werth des »Unegoistischen«, der Mitleids-, Selbstverleugnungs-, Selbstopferungs-Instinkte, welche gerade Schopenhauer so lange vergoldet, vergöttlicht und verjenseitigt hatte, bis sie ihm schliesslich als die »Werthe an sich« übrig blieben, auf Grund deren er zum Leben, auch zu sich selbst, Nein sagte. Aber gerade gegen diese Instinkte redete aus mir ein immer grundsätzlicherer Argwohn, eine immer tiefer grabende Skepsis! Gerade hier sah ich die grosse Gefahr der Menschheit, ihre sublimste Lockung und Verführung – wohin doch? in's

Nichts? – gerade hier sah ich den Anfang vom Ende, das
Stehenbleiben, die zurückblickende Müdigkeit, den Willen
g e g e n das Leben sich wendend, die letzte Krankheit sich
zärtlich und schwermüthig ankündigend: ich verstand die
immer mehr um sich greifende Mitleids-Moral, welche
selbst die Philosophen ergriff und krank machte, als das
unheimlichste Symptom unsrer unheimlich gewordnen
europäischen Cultur, als ihren Umweg zu einem neuen
Buddhismus? zu einem Europäer-Buddhismus? zum –
N i h i l i s m u s ? ... Diese moderne Philosophen-Bevorzu-
gung und Überschätzung des Mitleidens ist nämlich etwas
Neues: gerade über den U n w e r t h des Mitleidens waren
bisher die Philosophen übereingekommen. Ich nenne nur
Plato, Spinoza, La Rochefoucauld und Kant, vier Geister so
verschieden von einander als möglich, aber in Einem Eins: in
der Geringschätzung des Mitleidens. –

6.

Dies Problem vom W e r t h e des Mitleids und der Mitleids-
Moral (– ich bin ein Gegner der schändlichen modernen
Gefühlsverweichlichung –) scheint zunächst nur etwas Ver-
ein[253]zeltes, ein Fragezeichen für sich; wer aber einmal
hier hängen bleibt, hier fragen l e r n t, dem wird es gehn,
wie es mir ergangen ist: – eine ungeheure neue Aussicht thut
sich ihm auf, eine Möglichkeit fasst ihn wie ein Schwindel,
jede Art Misstrauen, Argwohn, Furcht springt hervor, der
Glaube an die Moral, an alle Moral wankt, – endlich wird
eine neue Forderung laut. Sprechen wir sie aus, diese n e u e
F o r d e r u n g : wir haben eine K r i t i k der moralischen
Werthe nöthig, d e r W e r t h d i e s e r W e r t h e i s t
s e l b s t e r s t e i n m a l i n F r a g e z u s t e l l e n – und dazu
thut eine Kenntniss der Bedingungen und Umstände noth,
aus denen sie gewachsen, unter denen sie sich entwickelt und
verschoben haben (Moral als Folge, als Symptom, als
Maske, als Tartüfferie, als Krankheit, als Missverständniss;
aber auch Moral als Ursache, als Heilmittel, als Stimulans,

als Hemmung, als Gift), wie eine solche Kenntniss weder bis jetzt da war, noch auch nur begehrt worden ist. Man nahm den W e r t h dieser »Werthe« als gegeben, als thatsächlich, als jenseits aller In-Frage-Stellung; man hat bisher auch nicht im Entferntesten daran gezweifelt und geschwankt, »den Guten« für höherwerthig als »den Bösen« anzusetzen, höherwerthig im Sinne der Förderung, Nützlichkeit, Gedeihlichkeit in Hinsicht auf d e n Menschen überhaupt (die Zukunft des Menschen eingerechnet). Wie? wenn das Umgekehrte die Wahrheit wäre? Wie? wenn im »Guten« auch ein Rückgangssymptom läge, insgleichen eine Gefahr, eine Verführung, ein Gift, ein Narcoticum, durch das etwa die Gegenwart auf K o s t e n d e r Z u k u n f t lebte? Vielleicht behaglicher, ungefährlicher, aber auch in kleinerem Stile, niedriger? ... So dass gerade die Moral daran Schuld wäre, wenn eine an sich mögliche h ö c h s t e M ä c h t i g - k e i t u n d P r a c h t des Typus Mensch niemals erreicht würde? So dass gerade die Moral die Gefahr der Gefahren wäre? ...

[254]
7.

Genug, dass ich selbst, seitdem mir dieser Ausblick sich öffnete, Gründe hatte, mich nach gelehrten, kühnen und arbeitsamen Genossen umzusehn (ich thue es heute noch). Es gilt, das ungeheure, ferne und so versteckte Land der Moral – der wirklich dagewesenen, wirklich gelebten Moral – mit lauter neuen Fragen und gleichsam mit neuen Augen zu bereisen: und heisst dies nicht beinahe so viel als dieses Land erst e n t d e c k e n ? ... Wenn ich dabei, unter Anderen, auch an den genannten Dr. Rée dachte, so geschah es, weil ich gar nicht zweifelte, dass er von der Natur seiner Fragen selbst auf eine richtigere Methodik, um zu Antworten zu gelangen, gedrängt werden würde. Habe ich mich darin betrogen? Mein Wunsch war es jedenfalls, einem so scharfen und unbetheiligten Auge eine bessere Richtung, die Richtung zur wirklichen H i s t o r i e d e r M o r a l zu geben

und ihn vor solchem englischen Hypothesenwesen in's
Blaue noch zur rechten Zeit zu warnen. Es liegt ja auf der
Hand, welche Farbe für einen Moral-Genealogen hundert
Mal wichtiger sein muss als gerade das Blaue: nämlich d a s
G r a u e, will sagen, das Urkundliche, das Wirklich-Fest-
stellbare, das Wirklich-Dagewesene, kurz die ganze lange,
schwer zu entziffernde Hieroglyphenschrift der menschlichen Moral-Vergangenheit! – D i e s e war dem Dr. Rée unbekannt; aber er hatte Darwin gelesen: – und so reichen
sich in seinen Hypothesen auf eine Weise, die zum Mindesten unterhaltend ist, die Darwin'sche Bestie und der aller-
modernste bescheidene Moral-Zärtling, der »nicht mehr
beisst«, artig die Hand, letzterer mit dem Ausdruck einer
gewissen gutmüthigen und feinen Indolenz im Gesicht, in
die selbst ein Gran von Pessimismus, von Ermüdung eingemischt ist: als ob es sich eigentlich gar nicht lohne, alle diese
Dinge – die Probleme der Moral – so ernst zu nehmen. Mir
nun scheint es umgekehrt gar keine Dinge zu geben, die es
mehr l o h n t e n, dass man sie ernst nimmt; zu welchem
Lohne es zum Beispiel gehört, dass man eines Tags vielleicht
die Erlaubniss erhält, sie [255] h e i t e r zu nehmen. Die
Heiterkeit nämlich oder, um es in meiner Sprache zu sagen,
d i e f r ö h l i c h e W i s s e n s c h a f t – ist ein Lohn: ein Lohn
für einen langen, tapferen, arbeitsamen und unterirdischen
Ernst, der freilich nicht Jedermanns Sache ist. An dem Tage
aber, wo wir aus vollem Herzen sagen: »vorwärts! auch
unsre alte Moral gehört i n d i e K o m ö d i e!« haben wir für
das dionysische Drama vom »Schicksal der Seele« eine neue
Verwicklung und Möglichkeit entdeckt –: und er wird sie
sich schon zu Nutze machen, darauf darf man wetten, er,
der grosse alte ewige Komödiendichter unsres Daseins! ...

8.

– Wenn diese Schrift irgend Jemandem unverständlich ist
und schlecht zu Ohren geht, so liegt die Schuld, wie mich
dünkt, nicht nothwendig an mir. Sie ist deutlich genug,

vorausgesetzt, was ich voraussetze, dass man zuerst meine
früheren Schriften gelesen und einige Mühe dabei nicht
gespart hat: diese sind in der That nicht leicht zugänglich.
Was zum Beispiel meinen »Zarathustra« anbetrifft, so lasse
ich Niemanden als dessen Kenner gelten, den nicht jedes
seiner Worte irgendwann einmal tief verwundet und irgendwann einmal tief entzückt hat: erst dann nämlich darf er des
Vorrechts geniessen, an dem halkyonischen Element, aus
dem jenes Werk geboren ist, an seiner sonnigen Helle,
Ferne, Weite und Gewissheit ehrfürchtig Antheil zu haben.
In andern Fällen macht die aphoristische Form Schwierig-
keit: sie liegt darin, dass man diese Form heute nicht
s c h w e r g e n u g nimmt. Ein Aphorismus, rechtschaffen
geprägt und ausgegossen, ist damit, dass er abgelesen ist,
noch nicht »entziffert«; vielmehr hat nun erst dessen A u s -
l e g u n g zu beginnen, zu der es einer Kunst der Auslegung
bedarf. Ich habe in der dritten Abhandlung dieses Buchs ein
Muster von dem dargeboten, was ich in einem solchen Falle
[256] »Auslegung« nenne: – dieser Abhandlung ist ein Aphorismus vorangestellt, sie selbst ist dessen Commentar. Freilich thut, um dergestalt das Lesen als K u n s t zu üben, Eins
vor Allem noth, was heutzutage gerade am Besten verlernt
worden ist – und darum hat es noch Zeit bis zur »Lesbar-
keit« meiner Schriften –, zu dem man beinahe Kuh und
jedenfalls n i c h t »moderner Mensch« sein muss: d a s
W i e d e r k ä u e n ...

Sils-Maria, Oberengadin,
      im Juli 1887.

Erste Abhandlung:
»Gut und Böse«, »Gut und Schlecht«.

1.

– Diese englischen Psychologen, denen man bisher auch die einzigen Versuche zu danken hat, es zu einer Entstehungsgeschichte der Moral zu bringen, – sie geben uns mit sich selbst kein kleines Räthsel auf; sie haben sogar, dass ich es gestehe, eben damit, als leibhaftige Räthsel, etwas Wesentliches vor ihren Büchern voraus – sie selbst sind interessant! Diese englischen Psychologen – was wollen sie eigentlich? Man findet sie, sei es nun freiwillig oder unfreiwillig, immer am gleichen Werke, nämlich die partie honteuse unsrer inneren Welt in den Vordergrund zu drängen und gerade dort das eigentlich Wirksame, Leitende, für die Entwicklung Entscheidende zu suchen, wo der intellektuelle Stolz des Menschen es am letzten zu finden wünschte (zum Beispiel in der vis inertiae der Gewohnheit oder in der Vergesslichkeit oder in einer blinden und zufälligen Ideen-Verhäkelung und -Mechanik oder in irgend etwas Rein-Passivem, Automatischem, Reflexmässigem, Molekularem und Gründlich-Stupidem) – was treibt diese Psychologen eigentlich immer gerade in diese Richtung? Ist es ein heimlicher, hämischer, gemeiner, seiner selbst vielleicht uneingeständlicher Instinkt der Verkleinerung des Menschen? Oder etwa ein pessimistischer Argwohn, das Misstrauen von enttäuschten, verdüsterten, giftig und grün gewordenen Idealisten? Oder eine kleine unterirdische Feindschaft und Rancune gegen das Christenthum [258] (und Plato), die vielleicht nicht einmal über die Schwelle des Bewusstseins gelangt ist? Oder gar ein lüsterner Geschmack am Befremdlichen, am Schmerzhaft-Paradoxen, am Fragwürdigen und Unsinnigen des Daseins? Oder endlich – von Allem Etwas, ein wenig Gemeinheit, ein wenig Verdüsterung, ein wenig Antichristlichkeit, ein wenig Kitzel und

Bedürfniss nach Pfeffer? ... Aber man sagt mir, dass es
einfach alte, kalte, langweilige Frösche seien, die am Menschen herum, in den Menschen hinein kriechen und hüpfen,
wie als ob sie da so recht in ihrem Elemente wären, nämlich
in einem Sumpfe. Ich höre das mit Widerstand, mehr
noch, ich glaube nicht daran; und wenn man wünschen darf,
wo man nicht wissen kann, so wünsche ich von Herzen,
dass es umgekehrt mit ihnen stehen möge, – dass diese
Forscher und Mikroskopiker der Seele im Grunde tapfere,
grossmüthige und stolze Thiere seien, welche ihr Herz wie
ihren Schmerz im Zaum zu halten wissen und sich dazu
erzogen haben, der Wahrheit alle Wünschbarkeit zu opfern,
jeder Wahrheit, sogar der schlichten, herben, hässlichen,
widrigen, unchristlichen, unmoralischen Wahrheit ... Denn
es giebt solche Wahrheiten. –

2.

Alle Achtung also vor den guten Geistern, die in diesen
Historikern der Moral walten mögen! Aber gewiss ist leider,
dass ihnen der historische Geist selber abgeht, dass sie
gerade von allen guten Geistern der Historie selbst in Stich
gelassen worden sind! Sie denken allesammt, wie es nun
einmal alter Philosophen-Brauch ist, wesentlich unhi-
storisch; daran ist kein Zweifel. Die Stümperei ihrer Moral-
Genealogie kommt gleich am Anfang zu Tage, da, wo es sich
darum handelt, die Herkunft des Begriffs und Urtheils »gut«
zu ermitteln. »Man hat ursprünglich – so dekretieren sie –
unegoistische Handlungen von Seiten Derer gelobt und gut
genannt, denen sie erwiesen wurden, also denen sie nützlich waren; später hat man [259] diesen Ursprung des Lobes
vergessen und die unegoistischen Handlungen einfach,
weil sie gewohnheitsmässig immer als gut gelobt wurden, auch als gut empfunden – wie als ob sie an sich etwas
Gutes wären.« Man sieht sofort: diese erste Ableitung enthält bereits alle typischen Züge der englischen Psychologen-
Idiosynkrasie, – wir haben »die Nützlichkeit«, »das Verges-

sen«, »die Gewohnheit« und am Schluss »den Irrthum«,
Alles als Unterlage einer Werthschätzung, auf welche der
höhere Mensch bisher wie auf eine Art Vorrecht des Menschen überhaupt stolz gewesen ist. Dieser Stolz s o l l gede-
müthigt, diese Werthschätzung entwerthet werden: ist das
erreicht? ... Nun liegt für mich erstens auf der Hand, dass
von dieser Theorie der eigentliche Entstehungsheerd des
Begriffs »gut« an falscher Stelle gesucht und angesetzt wird:
das Urtheil »gut« rührt n i c h t von Denen her, welchen
»Güte« erwiesen wird! Vielmehr sind es »die Guten« selber
gewesen, das heisst die Vornehmen, Mächtigen, Höherge-
stellten und Hochgesinnten, welche sich selbst und ihr Thun
als gut, nämlich als ersten Ranges empfanden und ansetz-
ten, im Gegensatz zu allem Niedrigen, Niedrig-Gesinnten,
Gemeinen und Pöbelhaften. Aus diesem P a t h o s   d e r   D i -
s t a n z heraus haben sie sich das Recht, Werthe zu schaffen,
Namen der Werthe auszuprägen, erst genommen: was gieng
sie die Nützlichkeit an! Der Gesichtspunkt der Nützlichkeit
ist gerade in Bezug auf ein solches heisses Herausquellen
oberster rang-ordnender, rang-abhebender Werthurtheile so
fremd und unangemessen wie möglich: hier ist eben das
Gefühl bei einem Gegensatze jenes niedrigen Wärmegrades
angelangt, den jede berechnende Klugheit, jeder Nützlich-
keits-Calcul voraussetzt, – und nicht für einmal, nicht für
eine Stunde der Ausnahme, sondern für die Dauer. Das
Pathos der Vornehmheit und Distanz, wie gesagt, das dau-
ernde und dominirende Gesammt- und Grundgefühl einer
höheren herrschenden Art im Verhältniss zu einer niederen
Art, zu einem »Unten« – d a s ist der Ursprung des Gegen-
satzes »gut« und »schlecht«. [260] (Das Herrenrecht, Namen
zu geben, geht so weit, dass man sich erlauben sollte,
den Ursprung der Sprache selbst als Machtäusserung der
Herrschenden zu fassen: sie sagen »das i s t das und das«,
sie siegeln jegliches Ding und Geschehen mit einem Lau-
te ab und nehmen es dadurch gleichsam in Besitz.) Es
liegt an diesem Ursprunge, dass das Wort »gut« sich von

vornherein durchaus n i c h t nothwendig an »unegoistische«
Handlungen anknüpft: wie es der Aberglaube jener Moral-
genealogen ist. Vielmehr geschieht es erst bei einem Niedergange aristokratischer Werthurtheile, dass sich dieser
ganze Gegensatz »egoistisch« »unegoistisch« dem menschlichen Gewissen mehr und mehr aufdrängt, – es ist, um mich
meiner Sprache zu bedienen, der Heerdeninstinkt,
der mit ihm endlich zu Worte (auch zu Worten) kommt.
Und auch dann dauert es noch lange, bis dieser Instinkt in
dem Maasse Herr wird, dass die moralische Werthschätzung
bei jenem Gegensatze geradezu hängen und stecken bleibt
(wie dies zum Beispiel im gegenwärtigen Europa der Fall
ist: heute herrscht das Vorurtheil, welches »moralisch«,
»unegoistisch«, »désintéressé« als gleichwerthige Begriffe
nimmt, bereits mit der Gewalt einer »fixen Idee« und Kopf-
krankheit).

3.

Zweitens aber: ganz abgesehen von der historischen Unhalt-
barkeit jener Hypothese über die Herkunft des Werthur-
theils »gut«, krankt sie an einem psychologischen Widersinn
in sich selbst. Die Nützlichkeit der unegoistischen Handlung soll der Ursprung ihres Lobes sein, und dieser Ursprung soll vergessen worden sein: – wie ist dies Vergessen auch nur möglich? Hat vielleicht die Nützlichkeit solcher Handlungen irgendwann einmal aufgehört?
Das Gegentheil ist der Fall: diese Nützlichkeit ist vielmehr
die Alltagserfahrung zu allen Zeiten gewesen, Etwas also,
das fortwährend immer neu unterstrichen [261] wurde; folglich, statt aus dem Bewusstsein zu verschwinden, statt ver-
gessbar zu werden, sich dem Bewusstsein mit immer grösserer Deutlichkeit eindrücken musste. Um wie viel vernünfti-
ger ist jene entgegengesetzte Theorie (sie ist deshalb nicht
wahrer –), welche zum Beispiel von Herbert Spencer vertre-
ten wird: der den Begriff »gut« als wesensgleich mit dem
Begriff »nützlich«, »zweckmässig« ansetzt, so dass in den

Urtheilen »gut« und »schlecht« die Menschheit gerade ihre
unvergessnen und unvergessbaren Erfahrungen
über nützlich-zweckmässig, über schädlich-unzweckmässig
aufsummirt und sanktionirt habe. Gut ist, nach dieser Theorie, was sich von jeher als nützlich bewiesen hat: damit darf
es als »werthvoll im höchsten Grade«, als »werthvoll an
sich« Geltung behaupten. Auch dieser Weg der Erklärung
ist, wie gesagt, falsch, aber wenigstens ist die Erklärung
selbst in sich vernünftig und psychologisch haltbar.

4.

– Den Fingerzeig zum rechten Wege gab mir die Frage,
was eigentlich die von den verschiedenen Sprachen ausge-
prägten Bezeichnungen des »Guten« in etymologischer Hinsicht zu bedeuten haben: da fand ich, dass sie allesammt auf
die gleiche Begriffs-Verwandlung zurückleiten, –
dass überall »vornehm«, »edel« im ständischen Sinne der
Grundbegriff ist, aus dem sich »gut« im Sinne von »seelisch-
vornehm«, »edel«, von »seelisch-hochgeartet«, »seelisch-
privilegirt« mit Nothwendigkeit heraus entwickelt: eine
Entwicklung, die immer parallel mit jener anderen läuft,
welche »gemein«, »pöbelhaft«, »niedrig« schliesslich in den
Begriff »schlecht« übergehen macht. Das beredteste Beispiel
für das Letztere ist das deutsche Wort »schlecht« selber: als
welches mit »schlicht« identisch ist – vergleiche »schlechtweg«, »schlechterdings« – und ursprünglich den schlichten,
den gemeinen Mann noch ohne [262] einen verdächtigenden
Seitenblick, einfach im Gegensatz zum Vornehmen bezeichnete. Um die Zeit des dreissigjährigen Kriegs ungefähr, also
spät genug, verschiebt sich dieser Sinn in den jetzt gebräuch-
lichen. – Dies scheint mir in Betreff der Moral-Genealogie
eine wesentliche Einsicht; dass sie so spät erst gefunden
wird, liegt an dem hemmenden Einfluss, den das demokratische Vorurtheil innerhalb der modernen Welt in Hinsicht
auf alle Fragen der Herkunft ausübt. Und dies bis in das
anscheinend objektivste Gebiet der Naturwissenschaft und

Physiologie hinein, wie hier nur angedeutet werden soll. Welchen Unfug aber dieses Vorurtheil, einmal bis zum Hass entzügelt, in Sonderheit für Moral und Historie anrichten kann, zeigt der berüchtigte Fall Buckle's; der P l e b e j i s - m u s des modernen Geistes, der englischer Abkunft ist, brach da einmal wieder auf seinem heimischen Boden heraus, heftig wie ein schlammichter Vulkan und mit jener versalzten, überlauten, gemeinen Beredtsamkeit, mit der bisher alle Vulkane geredet haben. –

5.

In Hinsicht auf u n s e r Problem, das aus guten Gründen ein s t i l l e s Problem genannt werden kann und sich wählerisch nur an wenige Ohren wendet, ist es von keinem kleinen Interesse, festzustellen, dass vielfach noch in jenen Worten und Wurzeln, die »gut« bezeichnen, die Hauptnuance durchschimmert, auf welche hin die Vornehmen sich eben als Menschen höheren Ranges fühlten. Zwar benennen sie sich vielleicht in den häufigsten Fällen einfach nach ihrer Überlegenheit an Macht (als »die Mächtigen«, »die Herren«, »die Gebietenden«) oder nach dem sichtbarsten Abzeichen dieser Überlegenheit, zum Beispiel als »die Reichen«, »die Besitzenden« (das ist der Sinn von arya; und entsprechend im Eranischen und Slavischen). Aber auch nach einem t y p i s c h e n Charakterzuge : und dies ist der Fall, der uns hier angeht. Sie heissen sich zum Bei[263]spiel »die Wahrhaftigen«: voran der griechische Adel, dessen Mundstück der Megarische Dichter Theognis ist. Das dafür ausgeprägte Wort ἐσθλός bedeutet der Wurzel nach Einen, der i s t, der Realität hat, der wirklich ist, der wahr ist; dann, mit einer subjektiven Wendung, den Wahren als den Wahrhaftigen: in dieser Phase der Begriffs-Verwandlung wird es zum Schlag- und Stichwort des Adels und geht ganz und gar in den Sinn »adelig« über, zur Abgrenzung vom l ü g e n - h a f t e n gemeinen Mann, so wie Theognis ihn nimmt und schildert, – bis endlich das Wort, nach dem Niedergange des

Adels, zur Bezeichnung der seelischen noblesse übrig bleibt und gleichsam reif und süss wird. Im Worte κακός wie in δειλός (der Plebejer im Gegensatz zum ἀγαθός) ist die Feigheit unterstrichen: dies giebt vielleicht einen Wink, in welcher Richtung man die etymologische Herkunft des mehrfach deutbaren ἀγαθός zu suchen hat. Im lateinischen malus (dem ich μέλας zur Seite stelle) könnte der gemeine Mann als der Dunkelfarbige, vor allem als der Schwarzhaarige (»hic niger est –«) gekennzeichnet sein, als der vorarische Insasse des italischen Bodens, der sich von der herrschend gewordenen blonden, nämlich arischen Eroberer-Rasse durch die Farbe am deutlichsten abhob; wenigstens bot mir das Gälische den genau entsprechenden Fall, – fin (zum Beispiel im Namen Fin-Gal), das abzeichnende Wort des Adels, zuletzt der Gute, Edle, Reine, ursprünglich der Blondkopf, im Gegensatz zu den dunklen, schwarzhaarigen Ureinwohnern. Die Kelten, beiläufig gesagt, waren durchaus eine blonde Rasse; man thut Unrecht, wenn man jene Streifen einer wesentlich dunkelhaarigen Bevölkerung, die sich auf sorgfältigeren ethnographischen Karten Deutschlands bemerkbar machen, mit irgend welcher keltischen Herkunft und Blutmischung in Zusammenhang bringt, wie dies noch Virchow thut: vielmehr schlägt an diesen Stellen die vorarische Bevölkerung Deutschlands vor. (Das Gleiche gilt beinahe für ganz Europa: im Wesentlichen hat die unterworfene Rasse schliesslich daselbst wieder die [264] Oberhand bekommen, in Farbe, Kürze des Schädels, vielleicht sogar in den intellektuellen und socialen Instinkten: wer steht uns dafür, ob nicht die moderne Demokratie, der noch modernere Anarchismus und namentlich jener Hang zur »Commune«, zur primitivsten Gesellschafts-Form, der allen Socialisten Europa's jetzt gemeinsam ist, in der Hauptsache einen ungeheuren Nachschlag zu bedeuten hat – und dass die Eroberer- und Herren Rasse, die der Arier, auch physiologisch im Unterliegen ist? ...) Das lateinische bonus glaube ich als »den Krieger«

auslegen zu dürfen: vorausgesetzt, dass ich mit Recht bonus
auf ein älteres duonus zurückführe (vergleiche bellum =
duellum = duen-lum, worin mir jenes duonus erhalten
scheint). Bonus somit als Mann des Zwistes, der Entzwei-
ung (duo), als Kriegsmann: man sieht, was im alten Rom an
einem Manne seine »Güte« ausmachte. Unser deutsches
»Gut« selbst: sollte es nicht »den Göttlichen«, den Mann
»göttlichen Geschlechts« bedeuten? Und mit dem Volks-
(ursprünglich Adels-)Namen der Gothen identisch sein? Die
Gründe zu dieser Vermuthung gehören nicht hierher. –

6.

Von dieser Regel, dass der politische Vorrangs-Begriff sich
immer in einen seelischen Vorrangs-Begriff auslöst, macht es
zunächst noch keine Ausnahme (obgleich es Anlass zu Aus-
nahmen giebt), wenn die höchste Kaste zugleich die p r i e -
s t e r l i c h e Kaste ist und folglich zu ihrer Gesammt-Be-
zeichnung ein Prädikat bevorzugt, das an ihre priesterliche Funktion erinnert. Da tritt zum Beispiel »rein« und
»unrein« sich zum ersten Male als Ständeabzeichen gegenüber; und auch hier kommt später ein »gut« und ein
»schlecht« in einem nicht mehr ständischen Sinne zur Entwicklung. Im Übrigen sei man davor gewarnt, diese Begriffe
»rein« und »unrein« nicht von vornherein zu schwer, zu
weit oder gar symbolisch zu nehmen: alle Begriffe [265] der
älteren Menschheit sind vielmehr anfänglich in einem uns
kaum ausdenkbaren Maasse grob, plump, äusserlich, eng,
geradezu und insbesondere u n s y m b o l i s c h verstanden
worden. Der »Reine« ist von Anfang an bloss ein Mensch,
der sich wäscht, der sich gewisse Speisen verbietet, die
Hautkrankheiten nach sich ziehen, der nicht mit den
schmutzigen Weibern des niederen Volkes schläft, der einen
Abscheu vor Blut hat, – nicht mehr, nicht viel mehr!
Andrerseits erhellt es freilich aus der ganzen Art einer
wesentlich priesterlichen Aristokratie, warum hier gerade
frühzeitig sich die Werthungs-Gegensätze auf eine gefährli-

che Weise verinnerlichen und verschärfen konnten; und in
der That sind durch sie schliesslich Klüfte zwischen Mensch
und Mensch aufgerissen worden, über die selbst ein Achill
der Freigeisterei nicht ohne Schauder hinwegsetzen wird. Es
ist von Anfang an etwas U n g e s u n d e s in solchen priesterlichen Aristokratien und in den daselbst herrschenden, dem
Handeln abgewendeten, theils brütenden, theils gefühls-
explosiven Gewohnheiten, als deren Folge jene den Priestern aller Zeiten fast unvermeidlich anhaftende intestinale
Krankhaftigkeit und Neurasthenie erscheint; was aber von
ihnen selbst gegen diese ihre Krankhaftigkeit als Heilmittel
erfunden worden ist, – muss man nicht sagen, dass es sich
zuletzt in seinen Nachwirkungen noch hundert Mal gefährlicher erwiesen hat, als die Krankheit, von der es erlösen
sollte? Die Menschheit selbst krankt noch an den Nachwirkungen dieser priesterlichen Kur-Naivetäten! Denken wir
zum Beispiel an gewisse Diätformen (Vermeidung des Fleisches), an das Fasten, an die geschlechtliche Enthaltsamkeit,
an die Flucht »in die Wüste« (Weir Mitchell'sche Isolirung,
freilich ohne die darauf folgende Mastkur und Überernäh-
rung, in der die wirksamste Gegenmittel gegen alle Hysterie
des asketischen Ideals besteht): hinzugerechnet die ganze
sinnenfeindliche, faul- und raffinirtmachende Metaphysik
der Priester, ihre Selbst-Hypnotisirung nach Art der Fakirs
und Brahmanen – Brahman als gläserner Knopf und fixe
Idee be[266]nutzt – und das schliessliche, nur zu begreifliche
allgemeine Satthaben mit seiner Radikalkur, dem N i c h t s
(oder Gott: – das Verlangen nach einer unio mystica mit
Gott ist das Verlangen des Buddhisten in's Nichts, Nirvâna
– und nicht mehr!). Bei den Priestern wird eben A l l e s
gefährlicher, nicht nur Kurmittel und Heilkünste, sondern
auch Hochmuth, Rache, Scharfsinn, Ausschweifung, Liebe,
Herrschsucht, Tugend, Krankheit; – mit einiger Billigkeit
liesse sich allerdings auch hinzufügen, dass erst auf dem
Boden dieser w e s e n t l i c h g e f ä h r l i c h e n Daseinsform
des Menschen, der priesterlichen, der Mensch überhaupt

ein interessantes Thier geworden ist, dass erst hier
die menschliche Seele in einem höheren Sinne Tiefe bekommen hat und böse geworden ist — und das sind ja die
beiden Grundformen der bisherigen Überlegenheit des
Menschen über sonstiges Gethier! ...

7.

— Man wird bereits errathen haben, wie leicht sich die
priesterliche Werthungs-Weise von der ritterlich-aristokra-
tischen abzweigen und dann zu deren Gegensatze fortent-
wickeln kann; wozu es in Sonderheit jedes Mal einen
Anstoss giebt, wenn die Priesterkaste und die Kriegerkaste
einander eifersüchtig entgegentreten und über den Preis mit
einander nicht einig werden wollen. Die ritterlich-aristokra-
tischen Werthurtheile haben zu ihrer Voraussetzung eine
mächtige Leiblichkeit, eine blühende, reiche, selbst über-
schäumende Gesundheit, sammt dem, was deren Erhaltung
bedingt, Krieg, Abenteuer, Jagd, Tanz, Kampfspiele und
Alles überhaupt, was starkes, freies, frohgemuthes Handeln
in sich schliesst. Die priesterlich-vornehme Werthungs-
Weise hat — wir sahen es — andere Voraussetzungen: schlimm
genug für sie, wenn es sich um Krieg handelt! Die Priester
sind, wie bekannt, die bösesten Feinde — weshalb
doch? Weil sie die ohnmächtigsten sind. Aus der Ohnmacht
wächst bei [267] ihnen der Hass in's Ungeheure und
Unheimliche, in's Geistigste und Giftigste. Die ganz grossen
Hasser in der Weltgeschichte sind immer Priester gewesen,
auch die geistreichsten Hasser: — gegen den Geist der priesterlichen Rache kommt überhaupt aller übrige Geist kaum
in Betracht. Die menschliche Geschichte wäre eine gar zu
dumme Sache ohne den Geist, der von den Ohnmächtigen
her in sie gekommen ist: — nehmen wir sofort das grösste
Beispiel. Alles, was auf Erden gegen »die Vornehmen«, »die
Gewaltigen«, »die Herren«, »die Machthaber« gethan worden ist, ist nicht der Rede werth im Vergleich mit dem, was
die Juden gegen sie gethan haben: die Juden, jenes prie-

sterliche Volk, das sich an seinen Feinden und Überwälti-
gern zuletzt nur durch eine radikale Umwerthung von deren
Werthen, also durch einen Akt der geistigsten Rache
Genugthuung zu schaffen wusste. So allein war es eben
einem priesterlichen Volke gemäss, dem Volke der zurück-
getretensten priesterlichen Rachsucht. Die Juden sind es
gewesen, die gegen die aristokratische Werthgleichung (gut
= vornehm = mächtig = schön = glücklich = gottgeliebt)
mit einer furchteinflössenden Folgerichtigkeit die Umkehrung gewagt und mit den Zähnen des abgründlichsten Hasses (des Hasses der Ohnmacht) festgehalten haben, nämlich
»die Elenden sind allein die Guten, die Armen, Ohnmächtigen, Niedrigen sind allein die Guten, die Leidenden, Ent-
behrenden, Kranken, Hässlichen sind auch die einzig Frommen, die einzig Gottseligen, für sie allein giebt es Seligkeit, –
dagegen ihr, ihr Vornehmen und Gewaltigen, ihr seid in
alle Ewigkeit die Bösen, die Grausamen, die Lüsternen, die
Unersättlichen, die Gottlosen, ihr werdet auch ewig die
Unseligen, Verfluchten und Verdammten sein!« ... Man
weiss, w e r die Erbschaft dieser jüdischen Umwerthung gemacht hat ... Ich erinnere in Betreff der ungeheuren und
über alle Maassen verhängnissvollen Initiative, welche die
Juden mit dieser grundsätzlichsten aller Kriegserklärungen
gegeben haben, an den Satz, auf den ich bei einer anderen
Gelegenheit gekommen bin (»Jenseits von [268] Gut und
Böse« p. 118) – dass nämlich mit den Juden d e r S k l a v e n -
a u f s t a n d i n d e r M o r a l beginnt: jener Aufstand, welcher eine zweitausendjährige Geschichte hinter sich hat und
der uns heute nur deshalb aus den Augen gerückt ist, weil er
– siegreich gewesen ist ...

8.

– Aber ihr versteht das nicht? Ihr habt keine Augen für
Etwas, das zwei Jahrtausende gebraucht hat, um zum Siege
zu kommen? ... Daran ist Nichts zum Verwundern: alle
l a n g e n Dinge sind schwer zu sehn, zu übersehn. D a s

aber ist das Ereigniss: aus dem Stamme jenes Baums der
Rache und des Hasses, des jüdischen Hasses – des tiefsten
und sublimsten, nämlich Ideale schaffenden, Werthe
umschaffenden Hasses, dessen Gleichen nie auf Erden dagewesen ist – wuchs etwas ebenso Unvergleichliches heraus,
eine neue Liebe, die tiefste und sublimste aller Arten
Liebe: – und aus welchem andern Stamme hätte sie auch
wachsen können? ... Dass man aber ja nicht vermeine, sie
sei etwa als die eigentliche Verneinung jenes Durstes nach
Rache, als der Gegensatz des jüdischen Hasses emporge-
wachsen! Nein, das Umgekehrte ist die Wahrheit! Diese
Liebe wuchs aus ihm heraus, als seine Krone, als die trium-
phirende, in der reinsten Helle und Sonnenfülle sich breit
und breiter entfaltende Krone, welche mit demselben
Drange gleichsam im Reiche des Lichts und der Höhe auf
die Ziele jenes Hasses, auf Sieg, auf Beute, auf Verführung
aus war, mit dem die Wurzeln jenes Hasses sich immer
gründlicher und begehrlicher in Alles, was Tiefe hatte und
böse war, hinunter senkten. Dieser Jesus von Nazareth, als
das leibhafte Evangelium der Liebe, dieser den Armen, den
Kranken, den Sündern die Seligkeit und den Sieg bringende
»Erlöser« – war er nicht gerade die Verführung in ihrer
unheimlichsten und unwiderstehlichsten Form, die Verführung und der Umweg zu eben jenen jüdischen Werthen
[269] und Neuerungen des Ideals? Hat Israel nicht gerade auf
dem Umwege dieses »Erlösers«, dieses scheinbaren Wider-
sachers und Auflösers Israel's, das letzte Ziel seiner subli-
men Rachsucht erreicht? Gehört es nicht in die geheime
schwarze Kunst einer wahrhaft grossen Politik der
Rache, einer weitsichtigen, unterirdischen, langsam-greifen-
den und vorausrechnenden Rache, dass Israel selber das
eigentliche Werkzeug seiner Rache vor aller Welt wie etwas
Todfeindliches verleugnen und an's Kreuz schlagen musste,
damit »alle Welt«, nämlich alle Gegner Israel's unbedenklich gerade an diesem Köder anbeissen konnten? Und wüsste
man sich andrerseits, aus allem Raffinement des Geistes

heraus, überhaupt noch einen ge fährliche ren Köder
auszudenken? Etwas, das an verlockender, berauschender,
betäubender, verderbender Kraft jenem Symbol des »heiligen Kreuzes« gleichkäme, jener schauerlichen Paradoxie
eines »Gottes am Kreuze«, jenem Mysterium einer unaus-
denkbaren letzten äussersten Grausamkeit und Selbstkreuzigung Gottes z um Heile des Mens chen?... Gewiss
ist wenigstens, dass sub hoc signo Israel mit seiner Rache
und Umwerthung aller Werthe bisher über alle anderen
Ideale, über alle vorn ehme r en Ideale immer wieder
triumphirt hat. – –

9.

– »Aber was reden Sie noch von vor ne hme r en Idealen!
Fügen wir uns in die Thatsachen: das Volk hat gesiegt – oder
»die Sklaven«, oder »der Pöbel«, oder »die Heerde«, oder
wie Sie es zu nennen belieben – wenn dies durch die Juden
geschehen ist, wohlan! so hatte nie ein Volk eine welthistori-
schere Mission. »Die Herren« sind abgethan; die Moral des
gemeinen Mannes hat gesiegt. Man mag diesen Sieg zugleich
als eine Blutvergiftung nehmen (er hat die Rassen durch
einander gemengt) – ich widerspreche nicht; unzweifelhaft
ist aber diese Intoxikation gel ungen. Die »Erlösung« des
Men[270]schengeschlechtes (nämlich von »den Herren«)
ist auf dem besten Wege; Alles verjüdelt oder verchristlicht
oder verpöbelt sich zusehends (was liegt an Worten!). Der
Gang dieser Vergiftung, durch den ganzen Leib der Menschheit hindurch, scheint unaufhaltsam, ihr tempo und Schritt
darf sogar von nun an immer langsamer, feiner, unhörbarer,
besonnener sein – man hat ja Zeit ... Kommt der Kirche in
dieser Absicht heute noch eine no thwendige Aufgabe,
überhaupt noch ein Recht auf Dasein zu? Oder könnte man
ihrer entrathen? Quaeritur. Es scheint, dass sie jenen Gang
eher hemmt und zurückhält, statt ihn zu beschleunigen?
Nun, eben das könnte ihre Nützlichkeit sein ... Sicherlich
ist sie nachgerade etwas Gröbliches und Bäurisches, das

einer zarteren Intelligenz, einem eigentlich modernen Ge-
schmacke widersteht. Sollte sie sich zum Mindesten nicht
etwas raffiniren? ... Sie entfremdet heute mehr, als dass sie
verführte ... Wer von uns würde wohl Freigeist sein, wenn
es nicht die Kirche gäbe? Die Kirche widersteht uns, n i c h t
ihr Gift ... Von der Kirche abgesehn lieben auch wir das
Gift ...« – Dies der Epilog eines »Freigeistes« zu meiner
Rede, eines ehrlichen Thiers, wie er reichlich verrathen hat,
überdies eines Demokraten; er hatte mir bis dahin zugehört
und hielt es nicht aus, mich schweigen zu hören. Für mich
nämlich giebt es an dieser Stelle viel zu schweigen. –

10.

Der Sklavenaufstand in der Moral beginnt damit, dass das
R e s s e n t i m e n t selbst schöpferisch wird und Werthe ge-
biert: das Ressentiment solcher Wesen, denen die eigentliche
Reaktion, die der That versagt ist, die sich nur durch eine
imaginäre Rache schadlos halten. Während alle vornehme
Moral aus einem triumphirenden Ja-sagen zu sich selber
herauswächst, sagt die Sklaven-Moral von vornherein Nein
zu einem »Ausserhalb«, zu einem »Anders«, zu einem
»Nicht-selbst«: und d i e s [271] Nein ist ihre schöpferische
That. Diese Umkehrung des werthesetzenden Blicks – diese n o t h w e n d i g e Richtung nach Aussen statt zurück auf
sich selber – gehört eben zum Ressentiment: die Sklaven-
Moral bedarf, um zu entstehn, immer zuerst einer Ge-
gen- und Aussenwelt, sie bedarf, physiologisch gesprochen,
äusserer Reize, um überhaupt zu agiren, – ihre Aktion ist
von Grund aus Reaktion. Das Umgekehrte ist bei der vornehmen Werthungsweise der Fall: sie agirt und wächst spontan, sie sucht ihren Gegensatz nur auf, um zu sich selber
noch dankbarer, noch frohlockender Ja zu sagen, – ihr nega-
tiver Begriff »niedrig« »gemein« »schlecht« ist nur ein nach-
gebornes blasses Contrastbild im Verhältniss zu ihrem positiven, durch und durch mit Leben und Leidenschaft durch-
tränkten Grundbegriff »wir Vornehmen, wir Guten, wir

Schönen, wir Glücklichen!« Wenn die vornehme Werthungsweise sich vergreift und an der Realität versündigt, so
geschieht dies in Bezug auf die Sphäre, welche ihr n i c h t
genügend bekannt ist, ja gegen deren wirkliches Kennen
sie sich spröde zur Wehre setzt: sie verkennt unter Umständen die von ihr verachtete Sphäre, die des gemeinen Mannes,
des niedren Volks; andrerseits erwäge man, dass jedenfalls
der Affekt der Verachtung, des Herabblickens, des Über-
legen-Blickens, gesetzt, dass er das Bild des Verachteten
f ä l s c h t, bei weitem hinter der Fälschung zurückbleiben
wird, mit der der zurückgetretene Hass, die Rache des
Ohnmächtigen sich an seinem Gegner – in effigie natürlich –
vergreifen wird. In der That ist in der Verachtung zu viel
Nachlässigkeit, zu viel Leicht-Nehmen, zu viel Wegblicken
und Ungeduld mit eingemischt, selbst zu viel eignes Frohge-
fühl, als dass sie im Stande wäre, ihr Objekt zum eigentlichen Zerrbild und Scheusal umzuwandeln. Man überhöre
doch die beinahe wohlwollenden nuances nicht, welche zum
Beispiel der griechische Adel in alle Worte legt, mit denen er
das niedere Volk von sich abhebt; wie sich fortwährend eine
Art Bedauern, Rücksicht, Nachsicht einmischt und an-
zuckert, bis zu dem Ende, dass fast alle Worte, die dem
[272] gemeinen Manne zukommen, schliesslich als Ausdrücke
für »unglücklich« »bedauernswürdig« übrig geblieben sind
(vergleiche δειλός, δείλαιος, πονηρός, μοχθηρός, letztere
zwei eigentlich den gemeinen Mann als Arbeitssklaven und
Lastthier kennzeichnend) – und wie andrerseits »schlecht«
»niedrig« »unglücklich« nie wieder aufgehört haben, für
das griechische Ohr in Einen Ton auszuklingen, mit einer
Klangfarbe, in der »unglücklich« überwiegt: dies als Erb-
stück der alten edleren aristokratischen Werthungsweise,
die sich auch im Verachten nicht verleugnet (– Philologen
seien daran erinnert, in welchem Sinne οἴζυρός, ἄνολβος,
τλήμων, δυστυχεῖν, ξυμφορά gebraucht werden). Die
»Wohlgeborenen« f ü h l t e n sich eben als die »Glücklichen«; sie hatten ihr Glück nicht erst durch einen Blick auf

ihre Feinde künstlich zu construiren, unter Umständen ein-
zureden, einzulügen (wie es alle Menschen des Ressentiment zu thun pflegen); und ebenfalls wussten sie, als volle,
mit Kraft überladene, folglich nothwendig aktive Menschen, von dem Glück das Handeln nicht abzutrennen, – das
Thätigsein wird bei ihnen mit Nothwendigkeit in's Glück
hineingerechnet (woher εὖ πράττειν seine Herkunft nimmt)
– Alles sehr im Gegensatz zu dem »Glück« auf der Stufe der
Ohnmächtigen, Gedrückten, an giftigen und feindseligen
Gefühlen Schwärenden, bei denen es wesentlich als Nar-
cose, Betäubung, Ruhe, Frieden, »Sabbat«, Gemüths-Aus-
spannung und Gliederstrecken, kurz passivisch auftritt.
Während der vornehme Mensch vor sich selbst mit Vertrauen und Offenheit lebt (γενναῖος »edelbürtig« unter-
streicht die nuance »aufrichtig« und auch wohl »naiv«), so
ist der Mensch des Ressentiment weder aufrichtig, noch
naiv, noch mit sich selber ehrlich und geradezu. Seine Seele
schielt; sein Geist liebt Schlupfwinkel, Schleichwege und
Hinterthüren, alles Versteckte muthet ihn an als seine
Welt, seine Sicherheit, sein Labsal; er versteht sich auf
das Schweigen, das Nicht-Vergessen, das Warten, das vorläufige Sich-verkleinern, Sich-demüthigen. Eine Rasse solcher Menschen [273] des Ressentiment wird nothwendig
endlich klüger sein als irgend eine vornehme Rasse, sie
wird die Klugheit auch in ganz andrem Maasse ehren:
nämlich als eine Existenzbedingung ersten Ranges, während
die Klugheit bei vornehmen Menschen leicht einen feinen
Beigeschmack von Luxus und Raffinement an sich hat: –
sie ist eben hier lange nicht so wesentlich, als die vollkomm-
ne Funktions-Sicherheit der regulirenden unbewussten
Instinkte oder selbst eine gewisse Unklugheit, etwa das
tapfre Drauflosgehn, sei es auf die Gefahr, sei es auf den
Feind, oder jene schwärmerische Plötzlichkeit von Zorn,
Liebe, Ehrfurcht, Dankbarkeit und Rache, an der sich zu
allen Zeiten die vornehmen Seelen wiedererkannt haben.
Das Ressentiment des vornehmen Menschen selbst, wenn es

an ihm auftritt, vollzieht und erschöpft sich nämlich in einer
sofortigen Reaktion, es vergiftet darum nicht: andrerseits tritt es in unzähligen Fällen gar nicht auf, wo es bei
allen Schwachen und Ohnmächtigen unvermeidlich ist.
Seine Feinde, seine Unfälle, seine Unthaten selbst nicht
lange ernst nehmen können – das ist das Zeichen starker
voller Naturen, in denen ein Überschuss plastischer, nach-
bildender, ausheilender, auch vergessen machender Kraft ist
(ein gutes Beispiel dafür aus der modernen Welt ist Mira-
beau, welcher kein Gedächtniss für Insulte und Nieder-
trächtigkeiten hatte, die man an ihm begieng, und der nur
deshalb nicht vergeben konnte, weil er – vergass). Ein
solcher Mensch schüttelt eben viel Gewürm mit Einem Ruck
von sich, das sich bei Anderen eingräbt; hier allein ist auch
das möglich, gesetzt, dass es überhaupt auf Erden möglich
ist – die eigentliche »Liebe zu seinen Feinden«. Wie viel
Ehrfurcht vor seinen Feinden hat schon ein vornehmer
Mensch! – und eine solche Ehrfurcht ist schon eine Brücke
zur Liebe ... Er verlangt ja seinen Feind für sich, als seine
Auszeichnung, er hält ja keinen andren Feind aus, als einen
solchen, an dem Nichts zu verachten und sehr Viel zu
ehren ist! Dagegen stelle man sich »den Feind« vor, wie ihn
der Mensch des Ressentiment concipirt – [274] und hier
gerade ist seine That, seine Schöpfung: er hat »den bösen
Feind« concipirt, »den Bösen«, und zwar als Grundbegriff, von dem aus er sich als Nachbild und Gegenstück nun
auch noch einen »Guten« ausdenkt – sich selbst! ...

11.

Gerade umgekehrt also wie bei dem Vornehmen, der den
Grundbegriff »gut« voraus und spontan, nämlich von sich
aus concipirt und von da aus erst eine Vorstellung von
»schlecht« sich schafft! Dies »schlecht« vornehmen Ur-
sprungs und jenes »böse« aus dem Braukessel des ungesättigten Hasses – das erste eine Nachschöpfung, ein Nebenher,
eine Complementärfarbe, das zweite dagegen das Origi-

nal, der Anfang, die eigentliche That in der Conception
einer Sklaven-Moral – wie verschieden stehen die beiden
scheinbar demselben Begriff »gut« entgegengestellten Worte
»schlecht« und »böse« da! Aber es ist nicht derselbe Begriff »gut«: vielmehr frage man sich doch, wer eigentlich
»böse« ist, im Sinne der Moral des Ressentiment. In aller
Strenge geantwortet: eben der »Gute« der andren Moral,
eben der Vornehme, der Mächtige, der Herrschende, nur
umgefärbt, nur umgedeutet, nur umgesehn durch das Gift-
auge des Ressentiment. Hier wollen wir Eins am wenigsten
leugnen: wer jene »Guten« nur als Feinde kennen lernte,
lernte auch nichts als böse Feinde kennen, und dieselben Menschen, welche so streng durch Sitte, Verehrung,
Brauch, Dankbarkeit, noch mehr durch gegenseitige Bewa-
chung, durch Eifersucht inter pares in Schranken gehalten
sind, die andrerseits im Verhalten zu einander so erfinderisch in Rücksicht, Selbstbeherrschung, Zartsinn, Treue,
Stolz und Freundschaft sich beweisen, – sie sind nach
Aussen hin, dort wo das Fremde, die Fremde beginnt,
nicht viel besser als losgelassne Raubthiere. Sie geniessen
da die Freiheit von allem socialen Zwang, sie halten sich in
der Wildniss schadlos für die Spannung, welche [275] eine
lange Einschliessung und Einfriedigung in den Frieden der
Gemeinschaft giebt, sie treten in die Unschuld des Raub-
thier-Gewissens zurück, als frohlockende Ungeheuer,
welche vielleicht von einer scheusslichen Abfolge von Mord,
Niederbrennung, Schändung, Folterung mit einem Über-
muthe und seelischen Gleichgewichte davongehen, wie als
ob nur ein Studentenstreich vollbracht sei, überzeugt davon,
dass die Dichter für lange nun wieder Etwas zu singen und
zu rühmen haben. Auf dem Grunde aller dieser vornehmen
Rassen ist das Raubthier, die prachtvolle nach Beute und
Sieg lüstern schweifende blonde Bestie nicht zu verkennen; es bedarf für diesen verborgenen Grund von Zeit zu
Zeit der Entladung, das Thier muss wieder heraus, muss
wieder in die Wildniss zurück: – römischer, arabischer,

germanischer, japanischer Adel, homerische Helden, skandinavische Wikinger – in diesem Bedürfniss sind sie alle gleich. Die vornehmen Rassen sind es, welche den Begriff »Barbar« auf all den Spuren hinterlassen haben, wo sie gegangen sind; noch aus ihrer höchsten Cultur heraus verräth sich ein Bewusstsein davon und ein Stolz selbst darauf (zum Beispiel wenn Perikles seinen Athenern sagt, in jener berühmten Leichenrede, »zu allem Land und Meer hat unsre Kühnheit sich den Weg gebrochen, unvergängliche Denkmale sich überall im Guten und Schlimmen aufrichtend«). Diese »Kühnheit« vornehmer Rassen, toll, absurd, plötzlich, wie sie sich äussert, das Unberechenbare, das Unwahrscheinliche selbst ihrer Unternehmungen – Perikles hebt die ῥαθυμία der Athener mit Auszeichnung hervor – ihre Gleichgültigkeit und Verachtung gegen Sicherheit, Leib, Leben, Behagen, ihre entsetzliche Heiterkeit und Tiefe der Lust in allem Zerstören, in allen Wollüsten des Siegs und der Grausamkeit – Alles fasste sich für Die, welche daran litten, in das Bild des »Barbaren«, des »bösen Feindes«, etwa des »Gothen«, des »Vandalen« zusammen. Das tiefe, eisige Misstrauen, das der Deutsche erregt, sobald er zur Macht kommt, auch jetzt wieder – ist immer noch ein Nach[276]schlag jenes unauslöschlichen Entsetzens, mit dem Jahrhunderte lang Europa dem Wüthen der blonden germanischen Bestie zugesehn hat (obwohl zwischen alten Germanen und uns Deutschen kaum eine Begriffs-, geschweige eine Blutverwandtschaft besteht). Ich habe einmal auf die Verlegenheit Hesiod's aufmerksam gemacht, als er die Abfolge der Cultur-Zeitalter aussann und sie in Gold, Silber, Erz auszudrücken suchte: er wusste mit dem Widerspruch, den ihm die herrliche, aber ebenfalls so schauerliche, so gewaltthätige Welt Homer's bot, nicht anders fertig zu werden, als indem er aus Einem Zeitalter zwei machte, die er nunmehr hinter einander stellte – einmal das Zeitalter der Helden und Halbgötter von Troja und Theben, so wie jene Welt im Gedächtniss der vornehmen Geschlechter zurück-

geblieben war, die in ihr die eignen Ahnherrn hatten; sodann
das eherne Zeitalter, so wie jene gleiche Welt den Nachkommen der Niedergetretenen, Beraubten, Misshandelten, Weg-
geschleppten, Verkauften erschien: als ein Zeitalter von Erz,
wie gesagt, hart, kalt, grausam, gefühl- und gewissenlos,
Alles zermalmend und mit Blut übertünchend. Gesetzt, dass
es wahr wäre, was jetzt jedenfalls als »Wahrheit« geglaubt
wird, dass es eben der Sinn aller Cultur sei, aus dem
Raubthiere »Mensch« ein zahmes und civilisirtes Thier, ein
Hausthier herauszuzüchten, so müsste man unzweifelhaft alle jene Reaktions- und Ressentiments-Instinkte, mit
deren Hülfe die vornehmen Geschlechter sammt ihren Idealen schliesslich zu Schanden gemacht und überwältigt worden sind, als die eigentlichen Werkzeuge der Cultur
betrachten; womit allerdings noch nicht gesagt wäre, dass
deren Träger zugleich auch selber die Cultur darstellten.
Vielmehr wäre das Gegentheil nicht nur wahrscheinlich –
nein! es ist heute augenscheinlich! Diese Träger der
niederdrückenden und vergeltungslüsternen Instinkte, die
Nachkommen alles europäischen und nicht europäischen
Sklaventhums, aller vorarischen Bevölkerung in Sonderheit
– sie stellen den Rückgang der Menschheit dar! Diese
»Werk[277]zeuge der Cultur« sind eine Schande des Menschen, und eher ein Verdacht, ein Gegenargument gegen
»Cultur« überhaupt! Man mag im besten Rechte sein, wenn
man vor der blonden Bestie auf dem Grunde aller vornehmen Rassen die Furcht nicht los wird und auf der Hut ist:
aber wer möchte nicht hundertmal lieber sich fürchten,
wenn er zugleich bewundern darf, als sich nicht fürchten,
aber dabei den ekelhaften Anblick des Missrathenen, Ver-
kleinerten, Verkümmerten, Vergifteten nicht mehr los werden können? Und ist das nicht unser Verhängniss? Was
macht heute unsern Widerwillen gegen »den Menschen«?
– denn wir leiden am Menschen, es ist kein Zweifel. –
Nicht die Furcht; eher, dass wir Nichts mehr am Menschen zu fürchten haben; dass das Gewürm »Mensch« im

Vordergrunde ist und wimmelt; dass der »zahme Mensch«, der Heillos-Mittelmässige und Unerquickliche bereits sich als Ziel und Spitze, als Sinn der Geschichte, als »höheren Menschen« zu fühlen gelernt hat; – ja dass er ein gewisses Recht darauf hat, sich so zu fühlen, insofern er sich im Abstande von der Überfülle des Missrathenen, Kränklichen, Müden, Verlebten fühlt, nach dem heute Europa zu stinken beginnt, somit als etwas wenigstens relativ Gerathenes, wenigstens noch Lebensfähiges, wenigstens zum Leben Ja-sagendes ...

12.

– Ich unterdrücke an dieser Stelle einen Seufzer und eine letzte Zuversicht nicht. Was ist das gerade mir ganz Un-erträgliche? Das, womit ich allein nicht fertig werde, was mich ersticken und verschmachten macht? Schlechte Luft! Schlechte Luft! Dass etwas Missrathenes in meine Nähe kommt; dass ich die Eingeweide einer missrathenen Seele riechen muss! ... Was hält man sonst nicht aus von Noth, Entbehrung, bösem Wetter, Siechthum, Mühsal, Verein-samung? Im Grunde wird man mit allem Übrigen fertig, geboren wie man ist zu einem unter[278]irdischen und kämp-fenden Dasein; man kommt immer wieder einmal an's Licht, man erlebt immer wieder seine goldene Stunde des Siegs, – und dann steht man da, wie man geboren ist, unzerbrech-bar, gespannt, zu Neuem, zu noch Schwererem, Fernerem bereit, wie ein Bogen, den alle Noth immer nur noch straffer anzieht. – Aber von Zeit zu Zeit gönnt mir – gesetzt, dass es himmlische Gönnerinnen giebt, jenseits von Gut und Böse – einen Blick, gönnt mir Einen Blick nur auf etwas Voll-kommenes, zu-Ende-Gerathenes, Glückliches, Mächtiges, Triumphirendes, an dem es noch Etwas zu fürchten giebt! Auf einen Menschen, der d e n Menschen rechtfertigt, auf einen complementaren und erlösenden Glücksfall des Men-schen, um desswillen man d e n G l a u b e n a n d e n M e n s c h e n festhalten darf! ... Denn so steht es: die

Verkleinerung und Ausgleichung des europäischen Menschen birgt unsre grösste Gefahr, denn dieser Anblick macht müde ... Wir sehen heute Nichts, das grösser werden will, wir ahnen, dass es immer noch abwärts, abwärts geht, in's Dünnere, Gutmüthigere, Klügere, Behaglichere, Mittelmässigere, Gleichgültigere, Chinesischere, Christlichere – der Mensch, es ist kein Zweifel, wird immer »besser« ... Hier eben liegt das Verhängniss Europa's – mit der Furcht vor dem Menschen haben wir auch die Liebe zu ihm, die Ehrfurcht vor ihm, die Hoffnung auf ihn, ja den Willen zu ihm eingebüsst. Der Anblick des Menschen macht nunmehr müde – was ist heute Nihilismus, wenn er nicht d a s ist? ... Wir sind d e s M e n s c h e n müde ...

13.

– Doch kommen wir zurück: das Problem vom a n d r e n Ursprung des »Guten«, vom Guten, wie ihn der Mensch des Ressentiment sich ausgedacht hat, verlangt nach seinem Abschluss. – Dass die Lämmer den grossen Raubvögeln gram sind, das befremdet nicht: nur liegt darin kein Grund, es den grossen [279] Raubvögeln zu verargen, dass sie sich kleine Lämmer holen. Und wenn die Lämmer unter sich sagen »diese Raubvögel sind böse; und wer so wenig als möglich ein Raubvogel ist, vielmehr deren Gegenstück, ein Lamm, – sollte der nicht gut sein?« so ist an dieser Aufrichtung eines Ideals Nichts auszusetzen, sei es auch, dass die Raubvögel dazu ein wenig spöttisch blicken werden und vielleicht sich sagen: »w i r sind ihnen gar nicht gram, diesen guten Lämmern, wir lieben sie sogar: nichts ist schmackhafter als ein zartes Lamm.« – Von der Stärke verlangen, dass sie sich n i c h t als Stärke äussere, dass sie n i c h t ein Überwältigen-Wollen, ein Niederwerfen-Wollen, ein Herrwerden-Wollen, ein Durst nach Feinden und Widerständen und Triumphen sei, ist gerade so widersinnig als von der Schwäche verlangen, dass sie sich als Stärke äussere. Ein Quantum Kraft ist ein eben solches Quantum

Trieb, Wille, Wirken – vielmehr, es ist gar nichts anderes als
eben dieses Treiben, Wollen, Wirken selbst, und nur unter
der Verführung der Sprache (und der in ihr versteinerten
Grundirrthümer der Vernunft), welche alles Wirken als
bedingt durch ein Wirkendes, durch ein »Subjekt« versteht
und missversteht, kann es anders erscheinen. Ebenso nämlich, wie das Volk den Blitz von seinem Leuchten trennt und
letzteres als Thun, als Wirkung eines Subjekts nimmt,
das Blitz heisst, so trennt die Volks-Moral auch die Stärke
von den Äusserungen der Stärke ab, wie als ob es hinter
dem Starken ein indifferentes Substrat gäbe, dem es frei-
stünde, Stärke zu äussern oder auch nicht. Aber es giebt
kein solches Substrat; es giebt kein »Sein« hinter dem Thun,
Wirken, Werden; »der Thäter« ist zum Thun bloss hinzu-
gedichtet, – das Thun ist Alles. Das Volk verdoppelt im
Grunde das Thun, wenn es den Blitz leuchten lässt, das ist
ein Thun-Thun: es setzt dasselbe Geschehen einmal als
Ursache und dann noch einmal als deren Wirkung. Die
Naturforscher machen es nicht besser, wenn sie sagen »die
Kraft bewegt, die Kraft verursacht« und dergleichen, – unsre
ganze Wissenschaft steht noch, trotz aller ihrer [280] Kühle,
ihrer Freiheit vom Affekt, unter der Verführung der Sprache
und ist die untergeschobenen Wechselbälge, die »Subjekte«
nicht losgeworden (das Atom ist zum Beispiel ein solcher
Wechselbalg, insgleichen das Kantische »Ding an sich«): was
Wunder, wenn die zurückgetretenen, versteckt glimmenden
Affekte Rache und Hass diesen Glauben für sich ausnüt-
zen und im Grunde sogar keinen Glauben inbrünstiger aufrecht erhalten als den, es stehe dem Starken frei,
schwach, und dem Raubvogel, Lamm zu sein: – damit gewinnen sie ja bei sich das Recht, dem Raubvogel es zuzu-
rechnen, Raubvogel zu sein ... Wenn die Unterdrück-
ten, Niedergetretenen, Vergewaltigten aus der rachsüchtigen List der Ohnmacht heraus sich zureden: »lasst uns anders sein als die Bösen, nämlich gut! Und gut ist Jeder, der
nicht vergewaltigt, der Niemanden verletzt, der nicht an-

greift, der nicht vergilt, der die Rache Gott übergiebt, der
sich wie wir im Verborgenen hält, der allem Bösen aus dem
Wege geht und wenig überhaupt vom Leben verlangt, gleich
uns den Geduldigen, Demüthigen, Gerechten« – so heisst
das, kalt und ohne Voreingenommenheit angehört, eigentlich nichts weiter als: »wir Schwachen sind nun einmal
schwach; es ist gut, wenn wir nichts thun, wozu wir
nicht stark genug sind« – aber dieser herbe Thatbestand, diese Klugheit niedrigsten Ranges, welche selbst
Insekten haben (die sich wohl todt stellen, um nicht »zu
viel« zu thun, bei grosser Gefahr), hat sich Dank jener
Falschmünzerei und Selbstverlogenheit der Ohnmacht in
den Prunk der entsagenden stillen abwartenden Tugend
gekleidet, gleich als ob die Schwäche des Schwachen selbst –
das heisst doch sein Wesen, sein Wirken, seine ganze einzige unvermeidliche, unablösbare Wirklichkeit – eine freiwillige Leistung, etwas Gewolltes, Gewähltes, eine That,
ein Verdienst sei. Diese Art Mensch hat den Glauben
an das indifferente wahlfreie »Subjekt« nöthig aus einem
Instinkte der Selbsterhaltung, Selbstbejahung heraus, in dem
jede Lüge sich zu heiligen pflegt. Das Subjekt (oder, dass wir
populärer [281] reden, die Seele) ist vielleicht deshalb bis
jetzt auf Erden der beste Glaubenssatz gewesen, weil er der
Überzahl der Sterblichen, den Schwachen und Niederge-
drückten jeder Art, jene sublime Selbstbetrügerei ermög-
lichte, die Schwäche selbst als Freiheit, ihr So- und So-sein
als Verdienst auszulegen.

14.

– Will Jemand ein wenig in das Geheimniss hinab und
hinunter sehn, wie man auf Erden Ideale fabrizirt?
Wer hat den Muth dazu? ... Wohlan! Hier ist der Blick
offen in diese dunkle Werkstätte. Warten Sie noch einen
Augenblick, mein Herr Vorwitz und Wagehals: Ihr Auge
muss sich erst an dieses falsche schillernde Licht gewöh-
nen ... So! Genug! Reden Sie jetzt! Was geht da unten

vor? Sprechen Sie aus, was Sie sehen, Mann der gefährlichsten Neugierde – jetzt bin i c h der, welcher zuhört. –

– »Ich sehe Nichts, ich höre um so mehr. Es ist ein vorsichtiges tückisches leises Munkeln und Zusammenflüstern aus allen Ecken und Winkeln. Es scheint mir, dass man lügt; eine zuckrige Milde klebt an jedem Klange. Die Schwäche soll zum V e r d i e n s t e umgelogen werden, es ist kein Zweifel – es steht damit so, wie Sie es sagten.« –

– Weiter!

– »und die Ohnmacht, die nicht vergilt, zur »Güte«; die ängstliche Niedrigkeit zur »Demuth«; die Unterwerfung vor Denen, die man hasst, zum »Gehorsam« (nämlich gegen Einen, von dem sie sagen, er befehle diese Unterwerfung, – sie heissen ihn Gott). Das Unoffensive des Schwachen, die Feigheit selbst, an der er reich ist, sein An-der-Thür-stehn, sein unvermeidliches Warten-müssen kommt hier zu guten Namen, als »Geduld«, es heisst auch wohl d i e Tugend; das Sich-nicht-rächen-Können heisst Sich-nicht-rächen-Wollen, vielleicht selbst Verzeihung (»denn s i e wissen nicht, was sie thun – wir [282] allein wissen es, was s i e thun!«). Auch redet man von der »Liebe zu seinen Feinden« – und schwitzt dabei.«

– Weiter!

– »Sie sind elend, es ist kein Zweifel, alle diese Munkler und Winkel-Falschmünzer, ob sie schon warm bei einander hocken – aber sie sagen mir, ihr Elend sei eine Auswahl und Auszeichnung Gottes, man prügele die Hunde, die man am liebsten habe; vielleicht sei dies Elend auch eine Vorbereitung, eine Prüfung, eine Schulung, vielleicht sei es noch mehr – Etwas, das einst ausgeglichen und mit ungeheuren Zinsen in Gold, nein! in Glück ausgezahlt werde. Das heissen sie »die Seligkeit.«

– Weiter!

– »Jetzt geben sie mir zu verstehen, dass sie nicht nur besser seien als die Mächtigen, die Herrn der Erde, deren Speichel sie lecken müssen (n i c h t aus Furcht, ganz und gar nicht aus Furcht! sondern weil es Gott gebietet, alle Obrigkeit zu ehren) – dass sie nicht nur besser seien, sondern es auch »besser hätten«, jedenfalls einmal besser haben würden. Aber genug! genug! Ich halte es nicht mehr aus. Schlechte Luft! Schlechte Luft! Diese Werkstätte, wo man I d e a l e f a b r i z i r t – mich dünkt, sie stinkt vor lauter Lügen.«

– Nein! Noch einen Augenblick! Sie sagten noch nichts von dem Meisterstücke dieser Schwarzkünstler, welche Weiss, Milch und Unschuld aus jedem Schwarz herstellen: – haben Sie nicht bemerkt, was ihre Vollendung im Raffinement ist, ihr kühnster, feinster, geistreichster, lügenreichster Artisten-Griff? Geben Sie Acht! Diese Kellerthiere voll Rache und Hass – was machen sie doch gerade aus Rache und Hass? Hörten Sie je diese Worte? Würden Sie ahnen, wenn Sie nur ihren Worten trauten, dass Sie unter lauter Menschen des Ressentiment sind? ...

– »Ich verstehe, ich mache nochmals die Ohren auf (ach! ach! ach! und die Nase z u). Jetzt höre ich erst, was sie so oft schon sagten: »Wir Guten – w i r s i n d d i e G e r e c h t e n« – was sie verlangen, das heissen sie nicht Vergeltung, sondern [283] »den Triumph der G e r e c h t i g k e i t«; was sie hassen, das ist nicht ihr Feind, nein! sie hassen das »U n r e c h t«, die »Gottlosigkeit«; was sie glauben und hoffen, ist nicht die Hoffnung auf Rache, die Trunkenheit der süssen Rache (– »süsser als Honig« nannte sie schon Homer), sondern der Sieg Gottes, des g e r e c h t e n Gottes über die Gottlosen; was ihnen zu lieben auf Erden übrig bleibt, sind nicht ihre Brüder im Hasse, sondern ihre »Brüder in der Liebe«, wie sie sagen, alle Guten und Gerechten auf der Erde.«

– Und wie nennen sie das, was ihnen als Trost wider alle Leiden des Lebens dient – ihre Phantasmagorie der vorweggenommenen zukünftigen Seligkeit?

– »Wie? Höre ich recht? Sie heissen das »das jüngste Gericht«, das Kommen i h r e s Reichs, des »Reichs Gottes«

– einstweilen aber leben sie »im Glauben«, »in der
Liebe«, »in der Hoffnung.«

   – Genug! Genug!

15.

Im Glauben woran? In der Liebe wozu? In der Hoffnung
worauf? – Diese Schwachen – irgendwann einmal nämlich
wollen auch sie die Starken sein, es ist kein Zweifel,
irgendwann soll auch ihr »Reich« kommen – »das Reich
Gottes« heisst es schlechtweg bei ihnen, wie gesagt: man ist
ja in Allem so demüthig! Schon um das zu erleben, hat man
nöthig, lange zu leben, über den Tod hinaus, – ja man hat
das ewige Leben nöthig, damit man sich auch ewig im
»Reiche Gottes« schadlos halten kann für jenes Erden-
Leben »im Glauben, in der Liebe, in der Hoffnung«. Schadlos wofür? Schadlos wodurch? ... Dante hat sich, wie mich
dünkt, gröblich vergriffen, als er, mit einer schreckenein-
flössenden Ingenuität, jene Inschrift über das Thor zu seiner
Hölle setzte »auch mich schuf die ewige Liebe«: – über dem
Thore des christlichen Paradieses und seiner »ewigen Selig-
[284]keit« würde jedenfalls mit besserem Rechte die Inschrift
stehen dürfen »auch mich schuf der ewige Hass« – gesetzt,
dass eine Wahrheit über dem Thor zu einer Lüge stehen
dürfte! Denn was ist die Seligkeit jenes Paradieses? ... Wir
würden es vielleicht schon errathen; aber besser ist es, dass
es uns eine in solchen Dingen nicht zu unterschätzende
Autorität ausdrücklich bezeugt, Thomas von Aquino, der
grosse Lehrer und Heilige. »Beati in regno coelesti«, sagt er
sanft wie ein Lamm, »videbunt poenas damnatorum, ut
beatitudo illis magis complaceat.« Oder will man
es in einer stärkeren Tonart hören, etwa aus dem Munde
eines triumphirenden Kirchenvaters, der seinen Christen die
grausamen Wollüste der öffentlichen Schauspiele widerrieth
– warum doch? »Der Glaube bietet uns ja viel mehr, – sagt
er, de spectac. c. 29 ss. – viel Stärkeres; Dank der
Erlösung stehen uns ja ganz andre Freuden zu Gebote; an

Stelle der Athleten haben wir unsre Märtyrer; wollen wir
Blut, nun, so haben wir das Blut Christi … Aber was
erwartet uns erst am Tage seiner Wiederkunft, seines Triumphes!« – und nun fährt er fort, der entzückte Visionär: »At
enim supersunt alia spectacula, ille ultimus et perpetuus judicii dies, ille nationibus insperatus, ille derisus, cum tanta
saeculi vetustas et tot ejus nativitates uno igne haurientur.
Quae tunc spectaculi latitudo! Quid admirer! Quid
rideam! Ubi gaudeam! Ubi exultem, spectans tot
et tantos[1] reges, qui in coelum recepti nuntiabantur, cum
ipso Jove et ipsis suis testibus in imis tenebris congemescentes! Item praesides (die Provinzialstatthalter) persecutores
dominici nominis saevioribus quam ipsi flammis saevierunt
insultantibus[2] contra Christianos liquescentes! Quos praeterea sapientes illos philosophos coram discipulis suis una
conflagrantibus erubescentes, quibus nihil ad deum pertinere suadebant, quibus animas aut nullas aut non in pristina
corpora redituras affirmabant! Etiam poëtas non ad Rhadamanti nec ad Minois, sed ad inopinati Christi tribunal
palpitantes! Tunc magis tragoedi audiendi, magis scilicet
vo[285]cales (besser bei Stimme, noch ärgere Schreier) in sua
propria calamitate; tunc histriones cognoscendi, solutiores
multo per ignem; tunc spectandus auriga in flammea rota
totus rubens,[3] tunc xystici contemplandi non in gymnasiis,
sed in igne jaculati, nisi quod ne tunc quidem illos velim
vivos,[4] ut qui malim ad eos potius conspectum insatiabilem conferre, qui in dominum desaevierunt. »Hic est ille,
dicam, fabri aut quaestuariae filius (wie alles Folgende und
insbesondere auch diese aus dem Talmud bekannte Bezeichnung der Mutter Jesu zeigt, meint Tertullian von hier ab die
Juden), sabbati destructor, Samarites et daemonium habens.
Hic est, quem a Juda redemistis, hic est ille arundine et

---

1 »et tantos« fehlt in üblicher Lesart.
2 Übliche Lesart: »insultantes«.
3 Übliche Lesart: »ruber«.
4 Übliche Lesart: »visos«. Vgl. Nachwort S. 172, Anm. 4.

colaphis diverberatus, sputamentis dedecoratus, felle et
aceto potatus. Hic est, quem clam discentes subripuerunt, ut
resurrexisse dicatur vel hortulanus detraxit, ne lactucae suae
frequentia commeantium laederentur.«[5] Ut talia spectes, ut
talibus exultes, quis tibi praetor aut consul aut quaestor aut sacerdos de sua liberalitate praestabit? Et tamen haec
jam habemus quodammodo per fidem spiritu imaginante
repraesentata. Ceterum qualia illa sunt, quae nec oculus vidit
nec auris audivit nec in cor hominis ascenderunt? (1. Cor.
2,9.) Credo circo et utraque cavea (erster und vierter Rang
oder, nach Anderen, komische und tragische Bühne) et
omni stadio gratiora.«[6] – Per fidem: so steht's geschrieben.

16.

Kommen wir zum Schluss. Die beiden entgegengesetzten Werthe »gut und schlecht«, »gut und böse« haben
einen furchtbaren, Jahrtausende langen Kampf auf Erden
gekämpft; und so gewiss auch der zweite Werth seit langem
im Übergewichte ist, so fehlt es doch auch jetzt noch nicht
an Stellen, wo der Kampf unentschieden fortgekämpft wird.
Man könnte selbst sagen, dass er inzwischen immer höher
hinauf getragen und eben damit immer tiefer, immer geistiger geworden sei: so [286] dass es heute vielleicht kein
entscheidenderes Abzeichen der »höheren Natur«, der
geistigeren Natur giebt, als zwiespältig in jenem Sinne und
wirklich noch ein Kampfplatz für jene Gegensätze zu sein.
Das Symbol dieses Kampfes, in einer Schrift geschrieben,
die über alle Menschengeschichte hinweg bisher lesbar blieb,
heisst »Rom gegen Judäa, Judäa gegen Rom«: – es gab bisher
kein grösseres Ereigniss als diesen Kampf, diese Frage-
stellung, diesen todfeindlichen Widerspruch. Rom empfand im Juden Etwas wie die Widernatur selbst, gleichsam
sein antipodisches Monstrum; in Rom galt der Jude »des

---

5 Übliche Lesart: »adlaederentur«.
6 Übersetzung des lateinischen Textes s. S. 166 f.

Hasses gegen das ganze Menschengeschlecht ü b e r f ü h r t«:
mit Recht, sofern man ein Recht hat, das Heil und die
Zukunft des Menschengeschlechts an die unbedingte Herrschaft der aristokratischen Werthe, der römischen Werthe
anzuknüpfen. Was dagegen die Juden gegen Rom empfunden haben? Man erräth es aus tausend Anzeichen; aber es
genügt, sich einmal wieder die Johanneische Apokalypse
zu Gemüthe zu führen, jenen wüstesten aller geschriebenen
Ausbrüche, welche die Rache auf dem Gewissen hat.
(Unterschätze man übrigens die tiefe Folgerichtigkeit des
christlichen Instinktes nicht, als er gerade dieses Buch des
Hasses mit dem Namen des Jüngers der Liebe überschrieb,
desselben, dem er jenes verliebt-schwärmerische Evangelium zu eigen gab –: darin steckt ein Stück Wahrheit, wie
viel litterarische Falschmünzerei auch zu diesem Zwecke
nöthig gewesen sein mag.) Die Römer waren ja die Starken
und Vornehmen, wie sie stärker und vornehmer bisher auf
Erden nie dagewesen, selbst niemals geträumt worden sind;
jeder Überrest von ihnen, jede Inschrift entzückt, gesetzt,
dass man erräth, w a s da schreibt. Die Juden umgekehrt
waren jenes priesterliche Volk des Ressentiment par excellence, dem eine volksthümlich-moralische Genialität sonder
Gleichen innewohnte: man vergleiche nur die verwandt-
begabten Völker, etwa die Chinesen oder die Deutschen,
mit den Juden, um nachzufühlen, was ersten und was fünf-
ten Ranges ist. Wer von ihnen [287] einstweilen g e s i e g t
hat, Rom oder Judäa? Aber es ist ja gar kein Zweifel: man
erwäge doch, vor wem man sich heute in Rom selber als vor
dem Inbegriff aller höchsten Werthe beugt – und nicht nur
in Rom, sondern fast auf der halben Erde, überall wo nur
der Mensch zahm geworden ist oder zahm werden will –
vor d r e i J u d e n , wie man weiss, und E i n e r J ü d i n (vor
Jesus von Nazareth, dem Fischer Petrus, dem Teppichwir-
ker Paulus und der Mutter des anfangs genannten Jesus,
genannt Maria). Dies ist sehr merkwürdig: Rom ist ohne
allen Zweifel unterlegen. Allerdings gab es in der Renais-

sance ein glanzvoll-unheimliches Wiederaufwachen des klassischen Ideals, der vornehmen Werthungsweise aller Dinge: Rom selber bewegte sich wie ein aufgeweckter Scheintodter unter dem Druck des neuen, darüber gebauten judaisirten Rom, das den Aspekt einer ökumenischen Synagoge darbot und »Kirche« hiess: aber sofort triumphirte wieder Judäa, Dank jener gründlich pöbelhaften (deutschen und englischen) Ressentiments-Bewegung, welche man die Reformation nennt, hinzugerechnet, was aus ihr folgen musste, die Wiederherstellung der Kirche, – die Wiederherstellung auch der alten Grabesruhe des klassischen Rom. In einem sogar entscheidenderen und tieferen Sinne als damals kam Judäa noch einmal mit der französischen Revolution zum Siege über das klassische Ideal: die letzte politische Vornehmheit, die es in Europa gab, die des siebzehnten und achtzehnten französischen Jahrhunderts brach unter den volksthümlichen Ressentiments-Instinkten zusammen, – es wurde niemals auf Erden ein grösserer Jubel, eine lärmendere Begeisterung gehört! Zwar geschah mitten darin das Ungeheuerste, das Unerwartetste: das antike Ideal selbst trat leibhaft und mit unerhörter Pracht vor Auge und Gewissen der Menschheit, – und noch einmal, stärker, einfacher, eindringlicher als je, erscholl, gegenüber der alten Lügen-Losung des Ressentiment vom Vorrecht der Meisten, gegenüber dem Willen zur Niederung, zur Erniedrigung, zur Ausgleichung, [288] zum Abwärts und Abendwärts des Menschen die furchtbare und entzückende Gegenlosung vom Vorrecht der Wenigsten! Wie ein letzter Fingerzeig zum andren Wege erschien Napoleon, jener einzelnste und spätestgeborne Mensch, den es jemals gab, und in ihm das fleischgewordne Problem des vornehmen Ideals an sich – man überlege wohl, was es für ein Problem ist: Napoleon, diese Synthesis von Unmensch und Übermensch …

17.

– War es damit vorbei? Wurde jener grösste aller Ideal-Gegensätze damit für alle Zeiten ad acta gelegt? Oder nur vertagt, auf lange vertagt? … Sollte es nicht irgendwann einmal ein noch viel furchtbareres, viel länger vorbereitetes Auflodern des alten Brandes geben müssen? Mehr noch: wäre nicht gerade d a s aus allen Kräften zu wünschen? selbst zu wollen? selbst zu fördern? … Wer an dieser Stelle anfängt, gleich meinen Lesern, nachzudenken, weiter zu denken, der wird schwerlich bald damit zu Ende kommen, – Grund genug für mich, selbst zu Ende zu kommen, vorausgesetzt, dass es längst zur Genüge klar geworden ist, was ich w i l l, was ich gerade mit jener gefährlichen Losung will, welche meinem letzten Buche auf den Leib geschrieben ist: »J e n s e i t s v o n G u t u n d B ö s e« … Dies heisst zum Mindesten n i c h t »Jenseits von Gut und Schlecht«. – –

Anmerkung. Ich nehme die Gelegenheit wahr, welche diese Abhandlung mir giebt, um einen Wunsch öffentlich und förmlich auszudrücken, der von mir bisher nur in gelegentlichem Gespräche mit Gelehrten geäussert worden ist: dass nämlich irgend eine philosophische Fakultät sich durch eine Reihe akademischer Preisausschreiben um die Förderung m o r a l h i s t o r i s c h e r Studien verdient machen möge: – vielleicht dient dies Buch dazu, einen kräftigen Anstoss gerade in solcher Richtung zu geben. In Hinsicht auf eine Möglichkeit dieser Art sei die nachstehende Frage in Vorschlag gebracht: sie verdient ebenso sehr die Aufmerksamkeit der Philo[289]logen und Historiker als der eigentlichen Philosophie-Gelehrten von Beruf.

»W e l c h e F i n g e r z e i g e g i e b t d i e S p r a c h w i s s e n s c h a f t, i n s - b e s o n d e r e d i e e t y m o l o g i s c h e F o r s c h u n g, f ü r d i e E n t - w i c k l u n g s g e s c h i c h t e d e r m o r a l i s c h e n B e g r i f f e a b ?«

– Andrerseits ist es freilich ebenso nöthig, die Theilnahme der Physiologen und Mediciner für diese Probleme (vom W e r t h e der bisherigen Werthschätzungen) zu gewinnen: wobei es den Fach-Philosophen überlassen sein mag, auch in diesem einzelnen Falle die Fürsprecher und Vermittler zu machen, nachdem es ihnen im Ganzen gelungen ist, das ursprünglich so spröde, so misstrauische Verhältniss zwischen Philosophie, Physiologie und Medicin in den freundschaftlichsten und fruchtbringendsten Austausch umzugestalten. In der That bedürfen alle Gütertafeln, alle »du sollst«, von denen die Geschichte oder die ethnologische Forschung weiss, zunächst der p h y s i o l o g i s c h e n Beleuchtung und Ausdeutung, eher jedenfalls noch als der psychologischen; alle insgleichen warten auf eine Kritik von seiten der medicinischen Wissenschaft. Die Frage: was ist diese oder jene Gütertafel und »Moral« w e r t h ? will unter die verschiedensten Perspektiven gestellt sein; man kann namentlich das »werth w o z u ?« nicht fein genug aus einander legen. Etwas zum Beispiel, das ersichtlich Werth hätte in Hinsicht auf möglichste Dauerfähigkeit einer Rasse (oder auf Steigerung ihrer Anpassungskräfte an ein bestimmtes Klima oder auf Erhaltung der grössten Zahl), hätte durchaus nicht den gleichen Werth, wenn es sich etwa darum handelte, einen stärkeren Typus herauszubilden. Das Wohl der Meisten und das Wohl der Wenigsten sind entgegengesetzte Werth-Gesichtspunkte: a n s i c h schon den ersteren für den höherwerthigen zu halten, wollen wir der Naivetät englischer Biologen überlassen ... A l l e Wissenschaften haben nunmehr der Zukunfts-Aufgabe des Philosophen vorzu-arbeiten: diese Aufgabe dahin verstanden, dass der Philosoph das P r o b l e m v o m W e r t h e zu lösen hat, dass er die R a n g o r d n u n g d e r W e r t h e zu bestimmen hat. –

Zweite Abhandlung:
»Schuld«, »schlechtes Gewissen« und Verwandtes.

1.

Ein Thier heranzüchten, das **versprechen darf** – ist das nicht gerade jene paradoxe Aufgabe selbst, welche sich die Natur in Hinsicht auf den Menschen gestellt hat? ist es nicht das eigentliche Problem **vom Menschen**? ... Dass dies Problem bis zu einem hohen Grad gelöst ist, muss Dem um so erstaunlicher erscheinen, der die entgegen wirkende Kraft, die der **Vergesslichkeit**, vollauf zu würdigen weiss. Vergesslichkeit ist keine blosse vis inertiae, wie die Oberflächlichen glauben, sie ist vielmehr ein aktives, im strengsten Sinne positives Hemmungsvermögen, dem es zuzuschreiben ist, dass was nur von uns erlebt, erfahren, in uns hineingenommen wird, uns im Zustande der Verdauung (man dürfte ihn »Einverseelung« nennen) ebenso wenig in's Bewusstsein tritt, als der ganze tausendfältige Prozess, mit dem sich unsre leibliche Ernährung, die sogenannte »Einverleibung« abspielt. Die Thüren und Fenster des Bewusstseins zeitweilig schliessen; von dem Lärm und Kampf, mit dem unsre Unterwelt von dienstbaren Organen für und gegen einander arbeitet, unbehelligt bleiben; ein wenig Stille, ein wenig tabula rasa des Bewusstseins, damit wieder Platz wird für Neues, vor Allem für die vornehmeren Funktionen und Funktionäre, für Regieren, Voraussehn, Vorausbestimmen (denn unser Organismus ist oligarchisch eingerichtet) – das ist der Nutzen der, wie gesagt, aktiven Vergesslichkeit, einer Thürwärterin [292] gleichsam, einer Aufrechterhalterin der seelischen Ordnung, der Ruhe, der Etikette: womit sofort abzusehn ist, inwiefern es kein Glück, keine Heiterkeit, keine Hoffnung, keinen Stolz, keine **Gegenwart** geben könnte ohne Vergesslichkeit. Der Mensch, in dem dieser Hemmungsapparat beschädigt wird und aussetzt, ist einem

Dyspeptiker zu vergleichen (und nicht nur zu vergleichen –)
er wird mit Nichts »fertig« ... Eben dieses nothwendig
vergessliche Thier, an dem das Vergessen eine Kraft, eine
Form der starken Gesundheit darstellt, hat sich nun ein
Gegenvermögen angezüchtet, ein Gedächtniss, mit Hülfe
dessen für gewisse Fälle die Vergesslichkeit ausgehängt wird,
– für die Fälle nämlich, dass versprochen werden soll: somit
keineswegs bloss ein passivisches Nicht-wieder-los-werden-
können des einmal eingeritzten Eindrucks, nicht bloss die
Indigestion an einem ein Mal verpfändeten Wort, mit dem
man nicht wieder fertig wird, sondern ein aktives Nicht-
wieder-los-werden-wollen, ein Fort- und Fortwollen des
ein Mal Gewollten, ein eigentliches Gedächtniss des
Willens: so dass zwischen das ursprüngliche »ich will«
»ich werde thun« und die eigentliche Entladung des Willens,
seinen Akt, unbedenklich eine Welt von neuen fremden
Dingen, Umständen, selbst Willensakten dazwischengelegt
werden darf, ohne dass diese lange Kette des Willens
springt. Was setzt das aber Alles voraus! Wie muss der
Mensch, um dermaassen über die Zukunft voraus zu verfü-
gen, erst gelernt haben, das nothwendige vom zufälligen
Geschehen scheiden, causal denken, das Ferne wie gegenwärtig sehn und vorwegnehmen, was Zweck ist, was Mittel
dazu ist, mit Sicherheit ansetzen, überhaupt rechnen, berechnen können – wie muss dazu der Mensch selbst vorerst
berechenbar, regelmässig, nothwendig gewor-
den sein, auch sich selbst für seine eigne Vorstellung, um
endlich dergestalt, wie es ein Versprechender thut, für sich
als Zukunft gut sagen zu können!

[293]   2.

Eben das ist die lange Geschichte von der Herkunft der
Verantwortlichkeit. Jene Aufgabe, ein Thier heranzuzüchten, das versprechen darf, schliesst, wie wir bereits
begriffen haben, als Bedingung und Vorbereitung die nähere
Aufgabe in sich, den Menschen zuerst bis zu einem gewissen

Grade nothwendig, einförmig, gleich unter Gleichen, regelmässig und folglich berechenbar zu m a c h e n. Die ungeheure Arbeit dessen, was von mir »Sittlichkeit der Sitte«
genannt worden ist (vergl. Morgenröthe S. 7. 13. 16) — die
eigentliche Arbeit des Menschen an sich selber in der längsten Zeitdauer des Menschengeschlechts, seine ganze v o r -
h i s t o r i s c h e Arbeit hat hierin ihren Sinn, ihre grosse
Rechtfertigung, wie viel ihr auch von Härte, Tyrannei,
Stumpfsinn und Idiotismus innewohnt: der Mensch wurde
mit Hülfe der Sittlichkeit der Sitte und der socialen Zwangs-
jacke wirklich berechenbar g e m a c h t. Stellen wir uns dagegen an's Ende des ungeheuren Prozesses, dorthin, wo der
Baum endlich seine Früchte zeitigt, wo die Societät und ihre
Sittlichkeit der Sitte endlich zu Tage bringt, w o z u sie nur
das Mittel war: so finden wir als reifste Frucht an ihrem
Baum das s o u v e r a i n e I n d i v i d u u m, das nur sich
selbst gleiche, das von der Sittlichkeit der Sitte wieder
losgekommene, das autonome übersittliche Individuum
(denn »autonom« und »sittlich« schliesst sich aus), kurz den
Menschen des eignen unabhängigen langen Willens, der
v e r s p r e c h e n d a r f — und in ihm ein stolzes, in allen
Muskeln zuckendes Bewusstsein davon, w a s da endlich
errungen und in ihm leibhaft geworden ist, ein eigentliches
Macht- und Freiheits-Bewusstsein, ein Vollendungs-Gefühl
des Menschen überhaupt. Dieser Freigewordne, der wirklich versprechen d a r f, dieser Herr des f r e i e n Willens,
dieser Souverain — wie sollte er es nicht wissen, welche
Überlegenheit er damit vor Allem voraus hat, was nicht
versprechen und für sich selbst gut sagen darf, wie viel
Vertrauen, wie viel Furcht, wie viel Ehrfurcht er erweckt —
er [294] »v e r d i e n t« alles Dreies — und wie ihm, mit dieser Herrschaft über sich, auch die Herrschaft über die
Umstände, über die Natur und alle willenskürzeren und
unzuverlässigeren Creaturen nothwendig in die Hand gegeben ist? Der »freie« Mensch, der Inhaber eines langen
unzerbrechlichen Willens, hat in diesem Besitz auch sein

Werthmaass: von sich aus nach den Andern hinblickend, ehrt er oder verachtet er; und eben so nothwendig als er die ihm Gleichen, die Starken und Zuverlässigen (die welche versprechen d ü r f e n) ehrt, – also Jedermann, der wie ein Souverain verspricht, schwer, selten, langsam, der mit seinem Vertrauen geizt, der a u s z e i c h n e t, wenn er vertraut, der sein Wort giebt als Etwas, auf das Verlass ist, weil er sich stark genug weiss, es selbst gegen Unfälle, selbst »gegen das Schicksal« aufrecht zu halten –: eben so nothwendig wird er seinen Fusstritt für die schmächtigen Windhunde bereit halten, welche versprechen, ohne es zu dürfen, und seine Zuchtruthe für den Lügner, der sein Wort bricht, im Augenblick schon, wo er es im Munde hat. Das stolze Wissen um das ausserordentliche Privilegium der V e r a n t - w o r t l i c h k e i t, das Bewusstsein dieser seltenen Freiheit, dieser Macht über sich und das Geschick hat sich bei ihm bis in seine unterste Tiefe hinabgesenkt und ist zum Instinkt geworden, zum dominirenden Instinkt: – wie wird er ihn heissen, diesen dominirenden Instinkt, gesetzt, dass er ein Wort dafür bei sich nöthig hat? Aber es ist kein Zweifel: dieser souveraine Mensch heisst ihn sein G e w i s s e n . . .

3.

Sein Gewissen? . . . Es lässt sich voraus errathen, dass der Begriff »Gewissen«, dem wir hier in seiner höchsten, fast befremdlichen Ausgestaltung begegnen, bereits eine lange Geschichte und Form-Verwandlung hinter sich hat. Für sich gut sagen dürfen und mit Stolz, also auch zu sich J a s a g e n [295] d ü r f e n – das ist, wie gesagt, eine reife Frucht, aber auch eine s p ä t e Frucht: – wie lange musste diese Frucht herb und sauer am Baume hängen! Und eine noch viel längere Zeit war von einer solchen Frucht gar nichts zu sehn, – Niemand hätte sie versprechen dürfen, so gewiss auch Alles am Baume vorbereitet und gerade auf sie hin im Wachsen war! – »Wie macht man dem Menschen-Thiere ein Gedächtniss? Wie prägt man diesem theils stumpfen, theils

faseligen Augenblicks-Verstande, dieser leibhaften Vergesslichkeit Etwas so ein, dass es gegenwärtig bleibt?« ... Dies
uralte Problem ist, wie man denken kann, nicht gerade mit
zarten Antworten und Mitteln gelöst worden; vielleicht ist
sogar nichts furchtbarer und unheimlicher an der ganzen
Vorgeschichte des Menschen, als seine Mnemotechnik.
»Man brennt Etwas ein, damit es im Gedächtniss bleibt: nur
was nicht aufhört, weh zu thun, bleibt im Gedächtniss«
– das ist ein Hauptsatz aus der allerältesten (leider auch
allerlängsten) Psychologie auf Erden. Man möchte selbst
sagen, dass es überall, wo es jetzt noch auf Erden Feierlich-
keit, Ernst, Geheimniss, düstere Farben im Leben von
Mensch und Volk giebt, Etwas von der Schrecklichkeit
nachwirkt, mit der ehemals überall auf Erden versprochen, verpfändet, gelobt worden ist: die Vergangenheit, die
längste tiefste härteste Vergangenheit, haucht uns an und
quillt in uns herauf, wenn wir »ernst« werden. Es gieng
niemals ohne Blut, Martern, Opfer ab, wenn der Mensch es
nöthig hielt, sich ein Gedächtniss zu machen; die schauerlichsten Opfer und Pfänder (wohin die Erstlingsopfer gehören), die widerlichsten Verstümmelungen (zum Beispiel die
Castrationen), die grausamsten Ritualformen aller religiösen
Culte (und alle Religionen sind auf dem untersten Grunde
Systeme von Grausamkeiten) – alles Das hat in jenem
Instinkte seinen Ursprung, welcher im Schmerz das mäch-
tigste Hülfsmittel der Mnemonik errieth. In einem gewissen
Sinne gehört die ganze Asketik hierher: ein paar Ideen sollen
unauslöschlich, allgegenwärtig, unvergessbar, »fix« gemacht
werden, zum Zweck [296] der Hypnotisirung des ganzen
nervösen und intellektuellen Systems durch diese »fixen
Ideen« – und die asketischen Prozeduren und Lebensformen
sind Mittel dazu, um jene Ideen aus der Concurrenz mit
allen übrigen Ideen zu lösen, um sie »unvergesslich« zu
machen. Je schlechter die Menschheit »bei Gedächtniss«
war, um so furchtbarer ist immer der Aspekt ihrer Bräuche;
die Härte der Strafgesetze giebt in Sonderheit einen Maass-

stab dafür ab, wie viel Mühe sie hatte, gegen die Vergesslichkeit zum Sieg zu kommen und ein paar primitive Erfordernisse des socialen Zusammenlebens diesen Augenblicks-Sklaven des Affekts und der Begierde gegenwärtig zu erhalten. Wir Deutschen betrachten uns gewiss nicht als ein besonders grausames und hartherziges Volk, noch weniger als besonders leichtfertig und in-den-Tag-hineinleberisch; aber man sehe nur unsre alten Strafordnungen an, um dahinter zu kommen, was es auf Erden für Mühe hat, ein »Volk von Denkern« heranzuzüchten (will sagen: das Volk Europa's, unter dem auch heute noch das Maximum von Zutrauen, Ernst, Geschmacklosigkeit und Sachlichkeit zu finden ist und das mit diesen Eigenschaften ein Anrecht darauf hat, alle Art von Mandarinen Europa's heran zu züchten). Diese Deutschen haben sich mit furchtbaren Mitteln ein Gedächtniss gemacht, um über ihre pöbelhaften Grund-Instinkte und deren brutale Plumpheit Herr zu werden: man denke an die alten deutschen Strafen, zum Beispiel an das Steinigen (– schon die Sage lässt den Mühlstein auf das Haupt des Schuldigen fallen), das Rädern (die eigenste Erfindung und Spezialität des deutschen Genius im Reich der Strafe!), das Werfen mit dem Pfahle, das Zerreissen- oder Zertretenlassen durch Pferde (das »Viertheilen«), das Sieden des Verbrechers in Öl oder Wein (noch im vierzehnten und fünfzehnten Jahrhundert), das beliebte Schinden (»Riemenschneiden«), das Herausschneiden des Fleisches aus der Brust; auch wohl dass man den Übelthäter mit Honig bestrich und bei brennender Sonne den Fliegen überliess. Mit Hülfe solcher Bil[297]der und Vorgänge behält man endlich fünf, sechs »ich will nicht« im Gedächtnisse, in Bezug auf welche man sein Versprechen gegeben hat, um unter den Vortheilen der Societät zu leben, – und wirklich! mit Hülfe dieser Art von Gedächtniss kam man endlich »zur Vernunft«! – Ah, die Vernunft, der Ernst, die Herrschaft über die Affekte, diese ganze düstere Sache, welche Nachdenken heisst, alle diese Vorrechte und Prunk-

stücke des Menschen: wie theuer haben sie sich bezahlt
gemacht! wie viel Blut und Grausen ist auf dem Grunde aller
»guten Dinge«! ...

4.

Aber wie ist denn jene andre »düstre Sache«, das Bewusstsein der Schuld, das ganze »schlechte Gewissen« auf die
Welt gekommen? – Und hiermit kehren wir zu unsern
Genealogen der Moral zurück. Nochmals gesagt – oder habe
ich's noch gar nicht gesagt? – sie taugen nichts. Eine fünf
Spannen lange eigne, bloss »moderne« Erfahrung; kein Wissen, kein Wille zum Wissen des Vergangnen; noch weniger
ein historischer Instinkt, ein hier gerade nöthiges »zweites
Gesicht« – und dennoch Geschichte der Moral treiben: das
muss billigerweise mit Ergebnissen enden, die zur Wahrheit
in einem nicht bloss spröden Verhältnisse stehn. Haben sich
diese bisherigen Genealogen der Moral auch nur von Ferne
Etwas davon träumen lassen, dass zum Beispiel jener moralische Hauptbegriff »Schuld« seine Herkunft aus dem sehr
materiellen Begriff »Schulden« genommen hat? Oder dass
die Strafe als eine Vergeltung sich vollkommen abseits
von jeder Voraussetzung über Freiheit oder Unfreiheit des
Willens entwickelt hat? – und dies bis zu dem Grade, dass es
vielmehr immer erst einer hohen Stufe der Vermenschlichung bedarf, damit das Thier »Mensch« anfängt, jene viel
primitiveren Unterscheidungen »absichtlich« »fahrlässig«
»zufällig« »zurechnungsfähig« und deren Gegensätze zu
machen und bei der Zu[298]messung der Strafe in Anschlag
zu bringen. Jener jetzt so wohlfeile und scheinbar so natürliche, so unvermeidliche Gedanke, der wohl gar zur Erklärung, wie überhaupt das Gerechtigkeitsgefühl auf Erden zu
Stande gekommen ist, hat herhalten müssen, »der Verbrecher verdient Strafe, weil er hätte anders handeln können«
ist thatsächlich eine überaus spät erreichte, ja raffinirte Form
des menschlichen Urtheilens und Schliessens; wer sie in die
Anfänge verlegt, vergreift sich mit groben Fingern an der

Psychologie der älteren Menschheit. Es ist die längste Zeit der menschlichen Geschichte hindurch durchaus **n i c h t** gestraft worden, **w e i l** man den Übelanstifter für seine That verantwortlich machte, also **n i c h t** unter der Voraussetzung, dass nur der Schuldige zu strafen sei: – vielmehr, so wie jetzt noch Eltern ihre Kinder strafen, aus Zorn über einen erlittenen Schaden, der sich am Schädiger auslässt, – dieser Zorn aber in Schranken gehalten und modifizirt durch die Idee, dass jeder Schaden irgend worin sein **Ä q u i v a - l e n t** habe und wirklich abgezahlt werden könne, sei es selbst durch einen **S c h m e r z** des Schädigers. Woher diese uralte, tiefgewurzelte, vielleicht jetzt nicht mehr ausrottbare Idee ihre Macht genommen hat, die Idee einer Äquivalenz von Schaden und Schmerz? Ich habe es bereits verrathen: in dem Vertragsverhältniss zwischen **G l ä u b i g e r** und **S c h u l d n e r**, das so alt ist als es überhaupt »Rechtssubjekte« giebt und seinerseits wieder auf die Grundformen von Kauf, Verkauf, Tausch, Handel und Wandel zurückweist.

5.

Die Vergegenwärtigung dieser Vertragsverhältnisse weckt allerdings, wie es nach dem Voraus-Bemerkten von vornherein zu erwarten steht, gegen die ältere Menschheit, die sie schuf oder gestattete, mancherlei Verdacht und Widerstand. Hier gerade wird **v e r s p r o c h e n**; hier gerade handelt es sich darum, [299] Dem, der verspricht, ein Gedächtniss zu **m a c h e n**; hier gerade, so darf man argwöhnen, wird eine Fundstätte für Hartes, Grausames, Peinliches sein. Der Schuldner, um Vertrauen für sein Versprechen der Zurückbezahlung einzuflössen, um eine Bürgschaft für den Ernst und die Heiligkeit seines Versprechens zu geben, um bei sich selbst die Zurückbezahlung als Pflicht, Verpflichtung seinem Gewissen einzuschärfen, verpfändet Kraft eines Vertrags dem Gläubiger für den Fall, dass er nicht zahlt, Etwas, das er sonst noch »besitzt«, über das er sonst noch Gewalt hat, zum Beispiel seinen Leib oder sein Weib oder seine

Freiheit oder auch sein Leben (oder, unter bestimmten religiösen Voraussetzungen, selbst seine Seligkeit, sein Seelen-
Heil, zuletzt gar den Frieden im Grabe: so in Ägypten, wo
der Leichnam des Schuldners auch im Grabe vor dem Gläubiger keine Ruhe fand, – es hatte allerdings gerade bei den
Ägyptern auch etwas auf sich mit dieser Ruhe). Namentlich
aber konnte der Gläubiger dem Leibe des Schuldners alle
Arten Schmach und Folter anthun, zum Beispiel so viel
davon herunterschneiden als der Grösse der Schuld ange-
messen schien: – und es gab frühzeitig und überall von
diesem Gesichtspunkte aus genaue, zum Theil entsetzlich
in's Kleine und Kleinste gehende Abschätzungen, z u
R e c h t bestehende Abschätzungen der einzelnen Glieder
und Körperstellen. Ich nehme es bereits als Fortschritt,
als Beweis freierer, grösser rechnender, r ö m i s c h e r e r
Rechtsauffassung, wenn die Zwölftafel-Gesetzgebung
Rom's dekretierte, es sei gleichgültig, wie viel oder wie
wenig die Gläubiger in einem solchen Falle herunterschnit-
ten »si plus minusve secuerunt, ne fraude esto«. Machen wir
uns die Logik dieser ganzen Ausgleichungsform klar: sie ist
fremdartig genug. Die Äquivalenz ist damit gegeben, dass an
Stelle eines gegen den Schaden direkt aufkommenden Vor-
theils (also an Stelle eines Ausgleichs in Geld, Land, Besitz
irgend welcher Art) dem Gläubiger eine Art W o h l g e f ü h l
als Rückzahlung und Ausgleich zugestanden wird, – das
Wohlgefühl, seine Macht an einem Machtlosen un[300]be-
denklich auslassen zu dürfen, die Wollust »de faire le mal
pour le plaisir de le faire«, der Genuss in der Vergewaltigung: als welcher Genuss um so höher geschätzt wird, je
tiefer und niedriger der Gläubiger in der Ordnung der Gesellschaft steht, und leicht ihm als köstlichster Bissen, ja als
Vorgeschmack eines höheren Rangs erscheinen kann. Ver-
mittelst der »Strafe« am Schuldner nimmt der Gläubiger an
einem H e r r e n - R e c h t e theil: endlich kommt auch
er ein Mal zu dem erhebenden Gefühle, ein Wesen als ein
»Unter-sich« verachten und misshandeln zu dürfen – oder

wenigstens, im Falle die eigentliche Strafgewalt, der Straf-
vollzug schon an die »Obrigkeit« übergegangen ist, es verachtet und misshandelt zu s e h e n. Der Ausgleich besteht
also in einem Anweis und Anrecht auf Grausamkeit. –

6.

In d i e s e r Sphäre, im Obligationen-Rechte also, hat die
moralische Begriffswelt »Schuld«, »Gewissen«, »Pflicht«,
»Heiligkeit der Pflicht« ihren Entstehungsheerd, – ihr
Anfang ist, wie der Anfang alles Grossen auf Erden, gründlich und lange mit Blut begossen worden. Und dürfte man
nicht hinzufügen, dass jene Welt im Grunde einen gewissen
Geruch von Blut und Folter niemals wieder ganz eingebüsst
habe? (selbst beim alten Kant nicht: der kategorische Imperativ riecht nach Grausamkeit ...) Hier ebenfalls ist jene
unheimliche und vielleicht unlösbar gewordne Ideen-Verhäkelung »Schuld und Leid« zuerst eingehäkelt worden.
Nochmals gefragt: in wiefern kann Leiden eine Ausgleichung von »Schulden« sein? Insofern Leiden-m a c h e n im
höchsten Grade wohl that, insofern der Geschädigte für den
Nachtheil, hinzugerechnet die Unlust über den Nachtheil,
einen ausserordentlichen Gegen-Genuss eintauschte: das
Leiden-m a c h e n, – ein eigentliches F e s t, Etwas, das,
wie gesagt, um so höher im Preise stand, je mehr es dem
Range und der gesellschaftlichen Stellung des Gläubigers
wider[301]sprach. Dies vermuthungsweise gesprochen: denn
solchen unterirdischen Dingen ist schwer auf den Grund zu
sehn, abgesehn davon, dass es peinlich ist; und wer hier den
Begriff der »Rache« plump dazwischen wirft, hat sich den
Einblick eher noch verdeckt und verdunkelt, als leichter
gemacht (– Rache selbst führt ja eben auf das gleiche Problem zurück: »wie kann Leiden-machen eine Genugthuung
sein?«). Es widersteht, wie mir scheint, der Delikatesse,
noch mehr der Tartüfferie zahmer Hausthiere (will sagen
moderner Menschen, will sagen uns), es sich in aller Kraft
vorstellig zu machen, bis zu welchem Grade die G r a u-

s a m k e i t die grosse Festfreude der älteren Menschheit ausmacht, ja als Ingredienz fast jeder ihrer Freuden zugemischt ist; wie naiv andrerseits, wie unschuldig ihr Bedürfniss nach Grausamkeit auftritt, wie grundsätzlich gerade die »uninteressirte Bosheit« (oder, mit Spinoza zu reden, die *sympathia malevolens*) von ihr als n o r m a l e Eigenschaft des Menschen angesetzt wird –: somit als Etwas, zu dem das Gewissen herzhaft J a sagt! Für ein tieferes Auge wäre vielleicht auch jetzt noch nicht genug von dieser ältesten und gründlichsten Festfreude des Menschen wahrzunehmen; in »Jenseits von Gut und Böse« S. 117 ff. (früher schon in der »Morgenröthe« S. 17.68.102) habe ich mit vorsichtigem Finger auf die immer wachsende Vergeistigung und »Vergöttlichung« der Grausamkeit hingezeigt, welche sich durch die ganze Geschichte der höheren Cultur hindurchzieht (und, in einem bedeutenden Sinne genommen, sie sogar ausmacht). Jedenfalls ist es noch nicht zu lange her, dass man sich fürstliche Hochzeiten und Volksfeste grössten Stils ohne Hinrichtungen, Folterungen oder etwa ein Autodafé nicht zu denken wusste, insgleichen keinen vornehmen Haushalt ohne Wesen, an denen man unbedenklich seine Bosheit und grausame Neckerei auslassen konnte (– man erinnere sich etwa Don Quixote's am Hofe der Herzogin: wir lesen heute den ganzen Don Quixote mit einem bittren Geschmack auf der Zunge, fast mit einer Tortur und würden damit seinem Urheber und dessen Zeit[302]genossen sehr fremd, sehr dunkel sein, – sie lasen ihn mit allerbestem Gewissen als das heiterste der Bücher, sie lachten sich an ihm fast zu Tod). Leiden-sehn thut wohl, Leiden-machen noch wohler – das ist ein harter Satz, aber ein alter mächtiger menschlich-allzumenschlicher Hauptsatz, den übrigens vielleicht auch schon die Affen unterschreiben würden: denn man erzählt, dass sie im Ausdenken von bizarren Grausamkeiten den Menschen bereits reichlich ankündigen und gleichsam »vorspielen«. Ohne Grausamkeit kein Fest: so lehrt es die älteste, längste Geschichte des Menschen – und auch an der Strafe ist so viel F e s t l i c h e s ! –

7.

– Mit diesen Gedanken, nebenbei gesagt, bin ich durchaus nicht Willens, unsren Pessimisten zu neuem Wasser auf ihre misstönigen und knarrenden Mühlen des Lebensüberdrusses zu verhelfen; im Gegentheil soll ausdrücklich bezeugt sein, dass damals, als die Menschheit sich ihrer Grausamkeit noch nicht schämte, das Leben heiterer auf Erden war als jetzt, wo es Pessimisten giebt. Die Verdüsterung des Himmels über dem Menschen hat immer im Verhältniss dazu überhand genommen, als die Scham des Menschen v o r d e m M e n s c h e n gewachsen ist. Der müde pessimistische Blick, das Misstrauen zum Räthsel des Lebens, das eisige Nein des Ekels am Leben – das sind nicht die Abzeichen der b ö s e - s t e n Zeitalter des Menschengeschlechts: sie treten vielmehr erst an das Tageslicht, als die Sumpfpflanzen, die sie sind, wenn der Sumpf da ist, zu dem sie gehören, – ich meine die krankhafte Verzärtlichung und Vermoralisirung, vermöge deren das Gethier »Mensch« sich schliesslich aller seiner Instinkte schämen lernt. Auf dem Wege zum »Engel« (um hier nicht ein härteres Wort zu gebrauchen) hat sich der Mensch jenen verdorbenen Magen und jene belegte Zunge angezüchtet, durch die ihm nicht nur die Freude und Un[303]schuld des Thiers widerlich, sondern das Leben selbst unschmackhaft geworden ist: – so dass er mitunter vor sich selbst mit zugehaltener Nase dasteht und mit Papst Innocenz dem Dritten missbilligend den Katalog seiner Widerwärtigkeiten macht (»unreine Erzeugung, ekelhafte Ernährung im Mutterleibe, Schlechtigkeit des Stoffs, aus dem der Mensch sich entwickelt, scheusslicher Gestank, Absonderung von Speichel, Urin und Koth«). Jetzt, wo das Leiden immer als erstes unter den Argumenten g e g e n das Dasein aufmarschieren muss, als dessen schlimmstes Fragezeichen, thut man gut, sich der Zeiten zu erinnern, wo man umgekehrt urtheilte, weil man das Leiden-m a c h e n nicht entbehren mochte und in ihm einen Zauber erster Rangs, einen eigentlichen Verführungs-Köder z u m Leben sah. Vielleicht that damals – den Zärtlingen zum Trost gesagt –

der Schmerz noch nicht so weh wie heute; wenigstens wird ein Arzt so schliessen dürfen, der Neger (diese als Repräsentanten des vorgeschichtlichen Menschen genommen –) bei schweren inneren Entzündungsfällen behandelt hat, welche auch den bestorganisirten Europäer fast zur Verzweiflung bringen; – bei Negern thun sie dies n i c h t. (Die Curve der menschlichen Schmerzfähigkeit scheint in der That ausserordentlich und fast plötzlich zu sinken, sobald man erst die oberen Zehn-Tausend oder Zehn-Millionen der Übercultur hinter sich hat; und ich für meine Person zweifle nicht, dass, gegen Eine schmerzhafte Nacht eines einzigen hysterischen Bildungs-Weibchens gehalten, die Leiden aller Thiere insgesammt, welche bis jetzt zum Zweck wissenschaftlicher Antworten mit dem Messer befragt worden sind, einfach nicht in Betracht kommen.) Vielleicht ist es sogar erlaubt, die Möglichkeit zuzulassen, dass auch jene Lust an der Grausamkeit eigentlich nicht ausgestorben zu sein brauchte: nur bedürfte sie, im Verhältniss dazu, wie heute der Schmerz mehr weh thut, einer gewissen Sublimirung und Subtilisirung, sie müsste namentlich in's Imaginative und Seelische übersetzt auftreten und geschmückt mit lauter so unbedenklichen Namen, dass [304] von ihnen auch dem zartesten hypokritischen Gewissen kein Verdacht kommt (das »tragische Mitleiden« ist ein solcher Name; ein andrer ist »les nostalgies de la croix«). Was eigentlich gegen das Leiden empört, ist nicht das Leiden an sich, sondern das Sinnlose des Leidens: aber weder für den Christen, der in das Leiden eine ganze geheime Heils-Maschinerie hineininterpretirt hat, noch für den naiven Menschen älterer Zeiten, der alles Leiden sich in Hinsicht auf Zuschauer oder auf Leiden-Macher auszulegen verstand, gab es überhaupt ein solches s i n n l o s e s Leiden. Damit das verborgne, unentdeckte, zeugenlose Leiden aus der Welt geschafft und ehrlich negirt werden konnte, war man damals beinahe dazu genöthigt, Götter zu erfinden und Zwischenwesen aller Höhe und Tiefe, kurz Etwas, das auch im Verborgnen schweift, das auch im Dunklen sieht und das sich nicht leicht ein interessantes schmerzhaftes Schauspiel entgehen lässt. Mit Hülfe solcher Erfindungen nämlich verstand sich damals das Leben auf das Kunststück, auf das es sich immer verstanden hat, sich selbst zu rechtfertigen, sein »Übel« zu rechtfertigen; jetzt bedürfte es vielleicht dazu andrer Hülfs-Erfindungen (zum Beispiel Leben als Räthsel, Leben als Erkenntnissproblem). »Jedes Übel ist gerechtfertigt, an dessen Anblick ein Gott sich erbaut«: so klang die vorzeitliche Logik des Gefühls – und wirklich, war es nur die vorzeitliche? Die Götter als Freunde grausamer Schauspiele gedacht – oh wie weit ragt diese uralte Vorstellung selbst noch in unsre europäische Vermenschlichung hinein! man mag hierüber etwa mit Calvin und Luther zu Rathe gehn. Gewiss ist jedenfalls, dass noch die Griechen ihren Göttern keine angenehmere Zukost zu ihrem Glücke zu bieten wussten, als die Freuden der Grausamkeit. Mit welchen Augen glaubt ihr denn, dass Homer seine Götter auf die Schicksale der Menschen niederblicken liess? Welchen letzten Sinn hatten im Grunde trojanische Kriege und ähnliche tragische Furchtbarkeiten? Man kann gar nicht daran zweifeln: sie waren als Festspiele für die Götter gemeint: und, [305] insofern der Dichter darin mehr als die übrigen Menschen »göttlich« geartet ist, wohl auch als Festspiele für die Dichter . . . Nicht anders dachten sich später die Moral-Philosophen Griechenlands die Augen Gottes noch auf das moralische Ringen, auf den Heroismus und die Selbstquälerei des Tugendhaften herabblicken: der »Herakles der Pflicht« war auf einer Bühne, er wusste sich auch darauf; die Tugend ohne Zeugen war für dies Schauspieler-Volk etwas ganz Undenkbares. Sollte nicht jene so verwegene, so verhängnissvolle Philosophen-Erfindung, welche damals zuerst für Europa gemacht wurde, die vom »freien Willen«, von der absoluten Spontaneität des Menschen im Guten und im Bösen, nicht vor Allem gemacht sein, um sich ein Recht zu der Vorstellung zu schaffen, dass das Interesse der Götter am Menschen,

an der menschlichen Tugend sich nie erschöpfen
könne? Auf dieser Erden-Bühne sollte es niemals an wirklich Neuem, an wirklich unerhörten Spannungen, Verwick-
lungen, Katastrophen gebrechen: eine vollkommen determi-
nistisch gedachte Welt würde für Götter errathbar und
folglich in Kürze auch ermüdend gewesen sein, – Grund
genug für diese Freunde der Götter, die Philosophen,
ihren Göttern eine solche deterministische Welt nicht zu-
zumuthen! Die ganze antike Menschheit ist voll von zarten
Rücksichten auf »den Zuschauer«, als eine wesentlich
öffentliche, wesentlich augenfällige Welt, die sich das Glück
nicht ohne Schauspiele und Feste zu denken wusste. – Und,
wie schon gesagt, auch an der grossen Strafe ist so viel
Festliches! ...

8.

Das Gefühl der Schuld, der persönlichen Verpflichtung, um
den Gang unsrer Untersuchung wieder aufzunehmen, hat,
wie wir sahen, seinen Ursprung in dem ältesten und ur-
sprünglichsten Personen-Verhältniss, das es giebt, gehabt,
in dem Verhältniss zwischen Käufer und Verkäufer, Gläubiger und Schuld[306]ner: hier trat zuerst Person gegen Person,
hier mass sich zuerst Person an Person. Man hat keinen
noch so niedren Grad von Civilisation aufgefunden, in dem
nicht schon Etwas von diesem Verhältnisse bemerkbar
würde. Preise machen, Werthe abmessen, Äquivalente ausdenken, tauschen – das hat in einem solchen Maasse das
allererste Denken des Menschen präoccupirt, dass es in
einem gewissen Sinne das Denken ist: hier ist die älteste
Art Scharfsinn herangezüchtet worden, hier möchte ebenfalls der erste Ansatz des menschlichen Stolzes, seines Vor-
rangs-Gefühls in Hinsicht auf anderes Gethier zu vermuthen
sein. Vielleicht drückt noch unser Wort »Mensch« (manas)
gerade etwas von diesem Selbstgefühl aus: der Mensch
bezeichnete sich als das Wesen, welches Werthe misst, wer-
thet und misst, als das »abschätzende Thier an sich«. Kauf
und Verkauf, sammt ihrem psychologischen Zubehör, sind

älter als selbst die Anfänge irgend welcher gesellschaftlichen
Organisationsformen und Verbände: aus der rudimentärsten
Form des Personen-Rechts hat sich vielmehr das keimende
Gefühl von Tausch, Vertrag, Schuld, Recht, Verpflichtung,
Ausgleich erst auf die gröbsten und anfänglichsten Gemein-
schafts-Complexe (in deren Verhältniss zu ähnlichen Com-
plexen) ü b e r t r a g e n, zugleich mit der Gewohnheit,
Macht an Macht zu vergleichen, zu messen, zu berechnen.
Das Auge war nun einmal für diese Perspektive eingestellt:
und mit jener plumpen Consequenz, die dem schwerbeweg-
lichen, aber dann unerbittlich in gleicher Richtung weiterge-
henden Denken der älteren Menschheit eigenthümlich ist,
langte man alsbald bei der grossen Verallgemeinerung an
»jedes Ding hat seinen Preis; A l l e s kann abgezahlt werden« – dem ältesten und naivsten Moral-Kanon der G e -
r e c h t i g k e i t, dem Anfange aller »Gutmüthigkeit«, aller
»Billigkeit«, alles »guten Willens«, aller »Objektivität« auf
Erden. Gerechtigkeit auf dieser ersten Stufe ist der gute
Wille unter ungefähr Gleichmächtigen, sich mit einander
abzufinden, sich durch einen Ausgleich wieder zu »verstän-
digen« – und, in [307] Bezug auf weniger Mächtige, diese
unter sich zu einem Ausgleich zu z w i n g e n. –

9.

Immer mit dem Maasse der Vorzeit gemessen (welche Vorzeit übrigens zu allen Zeiten da ist oder wieder möglich ist):
so steht auch das Gemeinwesen zu seinen Gliedern in jenem
wichtigen Grundverhältnisse, dem des Gläubigers zu seinen
Schuldnern. Man lebt in einem Gemeinwesen, man geniesst
die Vortheile eines Gemeinwesens (oh was für Vortheile! wir
unterschätzen es heute mitunter), man wohnt geschützt,
geschont, im Frieden und Vertrauen, sorglos in Hinsicht
auf gewisse Schädigungen und Feindseligkeiten, denen der
Mensch a u s s e r h a l b, der »Friedlose«, ausgesetzt ist – ein
Deutscher versteht, was »Elend«, êlend ursprünglich besa-
gen will –, wie man sich gerade in Hinsicht auf diese

Schädigungen und Feindseligkeiten der Gemeinde verpfändet und verpflichtet hat. Was wird im andren Fall geschehn? Die Gemeinschaft, der getäuschte Gläubiger, wird sich bezahlt machen, so gut er kann, darauf darf man rechnen. Es handelt sich hier am wenigsten um den unmittelbaren Schaden, den der Schädiger angestiftet hat: von ihm noch abgesehn, ist der Verbrecher vor allem ein »Brecher«, ein Vertrags- und Wortbrüchiger gegen das Ganze, in Bezug auf alle Güter und Annehmlichkeiten des Gemeinlebens, an denen er bis dahin Antheil gehabt hat. Der Verbrecher ist ein Schuldner, der die ihm erwiesenen Vortheile und Vorschüsse nicht nur nicht zurückzahlt, sondern sich sogar an seinem Gläubiger vergreift: daher geht er von nun an, wie billig, nicht nur aller dieser Güter und Vortheile verlustig, — er wird vielmehr jetzt daran erinnert, was es mit diesen Gütern auf sich hat. Der Zorn des geschädigten Gläubigers, des Gemeinwesens giebt ihn dem wilden und vogelfreien Zustande wieder zurück, vor dem er bisher behütet war: es stösst [308] ihn von sich, — und nun darf sich jede Art Feindseligkeit an ihm auslassen. Die »Strafe« ist auf dieser Stufe der Gesittung einfach das Abbild, der Mimus des normalen Verhaltens gegen den gehassten, wehrlos gemachten, niedergeworfnen Feind, der nicht nur jedes Rechtes und Schutzes, sondern auch jeder Gnade verlustig gegangen ist; also das Kriegsrecht und Siegesfest des vae victis! in aller Schonungslosigkeit und Grausamkeit: — woraus es sich erklärt, dass der Krieg selbst (eingerechnet der kriegerische Opferkult) alle die Formen hergegeben hat, unter denen die Strafe in der Geschichte auftritt.

10.

Mit erstarkender Macht nimmt ein Gemeinwesen die Vergehungen des Einzelnen nicht mehr so wichtig, weil sie ihm nicht mehr in gleichem Maasse wie früher für das Bestehn des Ganzen als gefährlich und umstürzend gelten dürfen: der Übelthäter wird nicht mehr »friedlos gelegt« und ausgestossen, der allgemeine Zorn darf sich nicht mehr wie früher

dermaassen zügellos an ihm auslassen, – vielmehr wird von
nun an der Übelthäter gegen diesen Zorn, sonderlich den der
unmittelbar Geschädigten, vorsichtig von Seiten des Ganzen
vertheidigt und in Schutz genommen. Der Compromiss mit
dem Zorn der zunächst durch die Übelthat Betroffenen; ein
Bemühen darum, den Fall zu lokalisiren und einer weiteren
oder gar allgemeinen Betheiligung und Beunruhigung vor-
zubeugen; Versuche, Äquivalente zu finden und den ganzen
Handel beizulegen (die compositio); vor allem der immer
bestimmter auftretende Wille, jedes Vergehn als in irgend
einem Sinne a b z a h l b a r zu nehmen, also, wenigstens bis
zu einem gewissen Maasse, den Verbrecher und seine That
von einander zu i s o l i r e n – das sind die Züge, die der
ferneren Entwicklung des Strafrechts immer deutlicher aufgeprägt sind. Wächst die Macht und das Selbstbewusstsein
eines Gemeinwesens, so mildert sich immer [309] auch das
Strafrecht; jede Schwächung und tiefere Gefährdung von
jenem bringt dessen härtere Formen wieder an's Licht. Der
»Gläubiger« ist immer in dem Grade menschlicher geworden, als er reicher geworden ist; zuletzt ist es selbst das
M a a s s seines Reichthums, wie viel Beeinträchtigung er
aushalten kann, ohne daran zu leiden. Es wäre ein M a c h t -
b e w u s s t s e i n der Gesellschaft nicht undenkbar, bei dem
sie sich den vornehmsten Luxus gönnen dürfte, den es für sie
giebt, – ihren Schädiger s t r a f l o s zu lassen. »Was gehen
mich eigentlich meine Schmarotzer an? dürfte sie dann
sprechen. Mögen sie leben und gedeihen: dazu bin ich noch
stark genug!« ... Die Gerechtigkeit, welche damit anhob
»Alles ist abzahlbar, Alles muss abgezahlt werden«, endet
damit, durch die Finger zu sehn und den Zahlungsunfähigen
laufen zu lassen, – sie endet wie jedes gute Ding auf Erden,
s i c h s e l b s t a u f h e b e n d. Diese Selbstaufhebung der
Gerechtigkeit: man weiss, mit welch schönem Namen sie
sich nennt – G n a d e ; sie bleibt, wie sich von selbst versteht, das Vorrecht des Mächtigsten, besser noch, sein Jenseits des Rechts.

11.

– Hier ein ablehnendes Wort gegen neuerdings hervorgetretene Versuche, den Ursprung der Gerechtigkeit auf einem ganz andren Boden zu suchen, – nämlich auf dem des Ressentiment. Den Psychologen voran in's Ohr gesagt, gesetzt dass sie Lust haben sollten, das Ressentiment selbst einmal aus der Nähe zu studiren: diese Pflanze blüht jetzt am schönsten unter Anarchisten und Antisemiten, übrigens so wie sie immer geblüht hat, im Verborgnen, dem Veilchen gleich, wenn schon mit andrem Duft. Und wie aus Gleichem nothwendig immer Gleiches hervorgehn muss, so wird es nicht überraschen, gerade wieder aus solchen Kreisen Versuche hervorgehen zu sehn, wie sie schon öfter dagewesen sind – vergleiche oben Seite 30 –, die [310] Ra ch e unter dem Namen der Gerechtigkeit zu heiligen – wie als ob Gerechtigkeit im Grunde nur eine Fortentwicklung vom Gefühle des Verletzt-seins wäre – und mit der Rache die reaktiven Affekte überhaupt und allesammt nachträglich zu Ehren zu bringen. An Letzterem selbst würde ich am wenigsten Anstoss nehmen: es schiene mir sogar in Hinsicht auf das ganze biologische Problem (in Bezug auf welches der Werth jener Affekte bisher unterschätzt worden ist) ein Verdienst. Worauf ich allein aufmerksam mache, ist der Umstand, dass es der Geist des Ressentiment selbst ist, aus dem diese neue Nuance von wissenschaftlicher Billigkeit (zu Gunsten von Hass, Neid, Missgunst, Argwohn, Rancune, Rache) herauswächst. Diese »wissenschaftliche Billigkeit« nämlich pausirt sofort und macht Accenten tödtlicher Feindschaft und Voreingenommenheit Platz, sobald es sich um eine andre Gruppe von Affekten handelt, die, wie mich dünkt, von einem noch viel höheren biologischen Werthe sind, als jene reaktiven, und folglich erst recht verdienten, wissenschaftlich abgeschätzt und hochgeschätzt zu werden: nämlich die eigentlich aktiven Affekte, wie Herrschsucht, Habsucht und dergleichen. (E. Dühring, Werth des Lebens; Cursus der Philosophie; im Grunde

überall.) So viel gegen diese Tendenz im Allgemeinen: was
aber gar den einzelnen Satz Dühring's angeht, dass die
Heimat der Gerechtigkeit auf dem Boden des reaktiven Gefühls zu suchen sei, so muss man ihm, der Wahrheit zu
Liebe, mit schroffer Umkehrung diesen andren Satz entge-
genstellen: der letzte Boden, der vom Geiste der Gerechtigkeit erobert wird, ist der Boden des reaktiven Gefühls!
Wenn es wirklich vorkommt, dass der gerechte Mensch
gerecht sogar gegen seine Schädiger bleibt (und nicht nur
kalt, massvoll, fremd, gleichgültig: Gerecht-sein ist immer
ein positives Verhalten), wenn sich selbst unter dem
Ansturz persönlicher Verletzung, Verhöhnung, Verdächti-
gung die hohe, klare, ebenso tief als mildblickende Objektivität des gerechten, des richtenden Auges nicht trübt,
[311] nun, so ist das ein Stück Vollendung und höchster
Meisterschaft auf Erden, – sogar Etwas, das man hier kluger
Weise nicht erwarten, woran man jedenfalls nicht gar zu
leicht glauben soll. Gewiss ist durchschnittlich, dass
selbst bei den rechtschaffensten Personen schon eine kleine
Dosis von Angriff, Bosheit, Insinuation genügt, um ihnen
das Blut in die Augen und die Billigkeit aus den Augen zu
jagen. Der aktive, der angreifende, übergreifende Mensch ist
immer noch der Gerechtigkeit hundert Schritte näher
gestellt als der reaktive; es ist eben für ihn durchaus nicht
nöthig, in der Art, wie es der reaktive Mensch thut, thun
muss, sein Objekt falsch und voreingenommen abzuschät-
zen. Thatsächlich hat deshalb zu allen Zeiten der aggressive
Mensch, als der Stärkere, Muthigere, Vornehmere, auch das
freiere Auge, das bessere Gewissen auf seiner Seite
gehabt: umgekehrt erräth man schon, wer überhaupt die
Erfindung des »schlechten Gewissens« auf dem Gewissen
hat, – der Mensch des Ressentiment! Zuletzt sehe man sich
doch in der Geschichte um: in welcher Sphäre ist denn
bisher überhaupt die ganze Handhabung des Rechts, auch
das eigentliche Bedürfniss nach Recht auf Erden heimisch
gewesen? Etwa in der Sphäre der reaktiven Menschen? Ganz

und gar nicht: vielmehr in der der Aktiven, Starken, Spontanen, Aggressiven. Historisch betrachtet, stellt das Recht auf
Erden – zum Verdruss des genannten Agitator's sei es gesagt
(der selber einmal über sich das Bekenntniss ablegt: »die
Rachelehre hat sich als der rothe Gerechtigkeitsfaden durch
alle meine Arbeiten und Anstrengungen hindurchgezogen«)
– den Kampf gerade w i d e r die reaktiven Gefühle vor, den
Krieg mit denselben seitens aktiver und aggressiver Mächte,
welche ihre Stärke zum Theil dazu verwendeten, der Ausschweifung des reaktiven Pathos Halt und Maass zu gebieten
und einen Vergleich zu erzwingen. Überall, wo Gerechtigkeit geübt, Gerechtigkeit aufrecht erhalten wird, sieht man
eine stärkere Macht in Bezug auf ihr unterstehende Schwä-
chere (seien es Gruppen, seien es Einzelne) nach Mitteln
suchen, [312] unter diesen dem unsinnigen Wüthen des Ressentiment ein Ende zu machen, indem sie theils das Objekt
des Ressentiment aus den Händen der Rache herauszieht,
theils an Stelle der Rache ihrerseits den Kampf gegen die
Feinde des Friedens und der Ordnung setzt, theils Ausglei-
che erfindet, vorschlägt, unter Umständen aufnöthigt, theils
gewisse Äquivalente von Schädigungen zur Norm erhebt, an
welche von nun an das Ressentiment ein für alle Mal gewie-
sen ist. Das Entscheidenste aber, was die oberste Gewalt
gegen die Übermacht der Gegen- und Nachgefühle thut und
durchsetzt – sie thut es immer, sobald sie irgendwie stark
genug dazu ist – ist die Aufrichtung des G e s e t z e s, die
imperativische Erklärung darüber, was überhaupt unter
ihren Augen als erlaubt, als recht, was als verboten, als
unrecht zu gelten habe: indem sie nach Aufrichtung des
Gesetzes Übergriffe und Willkür-Akte Einzelner oder ganzer Gruppen als Frevel am Gesetz, als Auflehnung gegen die
oberste Gewalt selbst behandelt, lenkt sie das Gefühl ihrer
Untergebenen von dem nächsten durch solche Frevel ange-
richteten Schaden ab und erreicht damit auf die Dauer das
Umgekehrte von dem, was alle Rache will, welche den
Gesichtspunkt des Geschädigten allein sieht, allein gelten

lässt –: von nun an wird das Auge für eine immer u n p e r -
s ö n l i c h e r e Abschätzung der That eingeübt, sogar das
Auge des Geschädigten selbst (obschon dies am allerletzten,
wie voran bemerkt wurde). – Demgemäss giebt es erst von
der Aufrichtung des Gesetzes an »Recht« und »Unrecht«
(und n i c h t, wie Dühring will, von dem Akte der Verletzung an). A n s i c h von Recht und Unrecht reden entbehrt
alles Sinns, a n s i c h kann natürlich ein Verletzen, Vergewaltigen, Ausbeuten, Vernichten nichts »Unrechtes« sein,
insofern das Leben e s s e n t i e l l, nämlich in seinen Grund-
funktionen verletzend, vergewaltigend, ausbeutend, ver-
nichtend fungirt und gar nicht gedacht werden kann ohne
diesen Charakter. Man muss sich sogar noch etwas Bedenk-
licheres eingestehn: dass, vom höchsten biologischen Standpunkte aus, Rechtszustände immer [313] nur A u s n a h m e -
Z u s t ä n d e sein dürfen, als theilweise Restriktionen des
eigentlichen Lebenswillens, der auf Macht aus ist, und sich
dessen Gesammtzwecke als Einzelmittel unterordnend:
nämlich als Mittel, g r ö s s e r e Macht-Einheiten zu schaffen. Eine Rechtsordnung souverain und allgemein gedacht,
nicht als Mittel im Kampf von Macht-Complexen, sondern
als Mittel g e g e n allen Kampf überhaupt, etwa gemäss der
Communisten-Schablone Dühring's, dass jeder Wille jeden
Willen als gleich zu nehmen habe, wäre ein l e b e n s f e i n d -
l i c h e s Princip, eine Zerstörerin und Auflöserin des Menschen, ein Attentat auf die Zukunft des Menschen, ein
Zeichen von Ermüdung, ein Schleichweg zum Nichts. –

12.

Hier noch ein Wort über Ursprung und Zweck der Strafe –
zwei Probleme, die auseinander fallen oder fallen sollten:
leider wirft man sie gewöhnlich in Eins. Wie treiben es doch
die bisherigen Moral-Genealogen in diesem Falle? Naiv, wie
sie es immer getrieben haben –: sie machen irgend einen
»Zweck« in der Strafe ausfindig, zum Beispiel Rache oder
Abschreckung, setzen dann arglos diesen Zweck an den

Anfang, als causa fiendi der Strafe, und – sind fertig. Der
»Zweck im Rechte« ist aber zu allerletzt für die Entstehungsgeschichte des Rechts zu verwenden: vielmehr giebt es
für alle Art Historie gar keinen wichtigeren Satz als jenen,
der mit solcher Mühe errungen ist, aber auch wirklich
errungen sein sollte, – dass nämlich die Ursache der
Entstehung eines Dings und dessen schliessliche Nützlichkeit, dessen thatsächliche Verwendung und Einordnung in
ein System von Zwecken toto coelo auseinander liegen; dass
etwas Vorhandenes, irgendwie Zu-Stande-Gekommenes
immer wieder von einer ihm überlegenen Macht auf neue
Ansichten ausgelegt, neu in Beschlag genommen, zu einem
neuen Nutzen umgebildet und umgerichtet wird; dass alles
Geschehen in der [314] organischen Welt ein Überwältigen, Herrwerden und dass wiederum alles Überwältigen und Herrwerden ein Neu-Interpretiren, ein Zurecht-
machen ist, bei dem der bisherige »Sinn« und »Zweck«
nothwendig verdunkelt oder ganz ausgelöscht werden muss.
Wenn man die Nützlichkeit von irgend welchem physiologischen Organ (oder auch einer Rechts-Institution,
einer gesellschaftlichen Sitte, eines politischen Brauchs,
einer Form in den Künsten oder im religiösen Cultus)
so gut begriffen hat, so hat man damit noch nichts in Betreff
seiner Entstehung begriffen: so unbequem und unangenehm
dies älteren Ohren klingen mag, – denn von Alters her hatte
man in dem nachweisbaren Zwecke, in der Nützlichkeit
eines Dings, einer Form, einer Einrichtung auch deren
Entstehungsgrund zu begreifen geglaubt, das Auge als gemacht zum Sehen, die Hand als gemacht zum Greifen. So
hat man sich auch die Strafe vorgestellt als erfunden zum
Strafen. Aber alle Zwecke, alle Nützlichkeiten sind nur
Anzeichen davon, dass ein Wille zur Macht über etwas
weniger Mächtiges Herr geworden ist und ihm von sich aus
den Sinn einer Funktion aufgeprägt hat; und die ganze
Geschichte eines »Dings«, eines Organs, eines Brauchs kann
dergestalt eine fortgesetzte Zeichen-Kette von immer neuen

Interpretationen und Zurechtmachungen sein, deren Ursachen selbst unter sich nicht im Zusammenhange zu sein
brauchen, vielmehr unter Umständen sich bloss zufällig
hinter einander folgen und ablösen. »Entwicklung« eines
Dings, eines Brauchs, eines Organs ist demgemäss nichts
weniger als sein progressus auf ein Ziel hin, noch weniger
ein logischer und kürzester, mit dem kleinsten Aufwand von
Kraft und Kosten erreichter progressus, – sondern die Auf-
einanderfolge von mehr oder minder tiefgehenden, mehr
oder minder von einander unabhängigen, an ihm sich
abspielenden Überwältigungsprozessen, hinzugerechnet die
dagegen jedes Mal aufgewendeten Widerstände, die versuch-
ten Form-Verwandlungen zum Zweck der Vertheidigung
und Reaktion, auch die Resul[315]tate gelungener Gegen-
aktionen. Die Form ist flüssig, der »Sinn« ist es aber noch
mehr ... Selbst innerhalb jedes einzelnen Organismus steht
es nicht anders: mit jedem wesentlichen Wachsthum des
Ganzen verschiebt sich auch der »Sinn« der einzelnen
Organe, – unter Umständen kann deren theilweises Zu-
Grunde-Gehn, deren Zahl-Verminderung (zum Beispiel
durch Vernichtung der Mittelglieder) ein Zeichen wachsen-
der Kraft und Vollkommenheit sein. Ich wollte sagen: auch
das theilweise Unnützlichwerden, das Verkümmern
und Entarten, das Verlustiggehn von Sinn und Zweckmäs-
sigkeit, kurz der Tod gehört zu den Bedingungen des wirklichen progressus: als welcher immer in Gestalt eines Willens
und Wegs zu grösserer Macht erscheint und immer auf
Unkosten zahlreicher kleinerer Mächte durchgesetzt wird.
Die Grösse eines »Fortschritts« bemisst sich sogar nach
der Masse dessen, was ihm Alles geopfert werden musste;
die Menschheit als Masse dem Gedeihen einer einzelnen
stärkeren Species Mensch geopfert – das wäre ein
Fortschritt ... – Ich hebe diesen Haupt-Gesichtspunkt der
historischen Methodik hervor, um so mehr als er im Grunde
dem gerade herrschenden Instinkte und Zeitgeschmack entgegen geht, welcher lieber sich noch mit der absoluten

Zufälligkeit, ja mechanistischen Unsinnigkeit alles Geschehens vertragen würde, als mit der Theorie eines in allem Geschehn sich abspielenden Macht-Willens. Die demokratische Idiosynkrasie gegen Alles, was herrscht und herrschen will, der moderne Misarchismus (um ein schlechtes Wort für eine schlechte Sache zu bilden) hat sich allmählich dermaassen in's Geistige, Geistigste umgesetzt und verkleidet, dass er heute Schritt für Schritt bereits in die strengsten, anscheinend objektivsten Wissenschaften eindringt, eindringen darf; ja er scheint mir schon über die ganze Physiologie und Lehre vom Leben Herr geworden zu sein, zu ihrem Schaden, wie sich von selbst versteht, indem er ihr einen Grundbegriff, den der eigentlichen Aktivität, eskamotirt hat. Man stellt dagegen unter [316] dem Druck jener Idiosynkrasie die »Anpassung« in den Vordergrund, das heisst eine Aktivität zweiten Ranges, eine blosse Reaktivität, ja man hat das Leben selbst als eine immer zweckmässigere innere Anpassung an äussere Umstände definirt (Herbert Spencer). Damit ist aber das Wesen des Lebens verkannt, sein Wille zur Macht; damit ist der principielle Vorrang übersehn, den die spontanen, angreifenden, übergreifenden, neu-auslegenden, neu-richtenden und gestaltenden Kräfte haben, auf deren Wirkung erst die »Anpassung« folgt; damit ist im Organismus selbst die herrschaftliche Rolle der höchsten Funktionäre abgeleugnet, in denen der Lebenswille aktiv und formgebend erscheint. Man erinnert sich, was Huxley Spencern zum Vorwurf gemacht hat, – seinen »administrativen Nihilismus«: aber es handelt sich noch um mehr als um's »Administriren« …

13.

– Man hat also, um zur Sache, nämlich zur Strafe zurückzukehren, zweierlei an ihr zu unterscheiden: einmal das relativ Dauerhafte an ihr, den Brauch, den Akt, das »Drama«, eine gewisse strenge Abfolge von Prozeduren, andrerseits das Flüssige an ihr, den Sinn, den Zweck, die

Erwartung, welche sich an die Ausführung solcher Prozeduren knüpft. Hierbei wird ohne Weiteres vorausgesetzt, per
analogiam, gemäss dem eben entwickelten Hauptgesichts-
punkte der historischen Methodik, dass die Prozedur selbst
etwas Älteres, Früheres als ihre Benützung zur Strafe sein
wird, dass letztere erst in die (längst vorhandene, aber in
einem anderen Sinne übliche) Prozedur h i n e i n g e l e g t,
hineingedeutet worden ist, kurz, dass es n i c h t so steht,
wie unsre naiven Moral- und Rechtsgenealogen bisher
annahmen, welche sich allesammt die Prozedur e r f u n d e n
dachten zum Zweck der Strafe, so wie man sich ehemals die
Hand erfunden dachte zum Zweck des Greifens. [317] Was
nun jenes andre Element an der Strafe betrifft, das flüssige,
ihren »Sinn«, so stellt in einem sehr späten Zustande der
Cultur (zum Beispiel im heutigen Europa) der Begriff
»Strafe« in der That gar nicht mehr Einen Sinn vor, sondern
eine ganze Synthesis von »Sinnen«: die bisherige Geschichte
der Strafe überhaupt, die Geschichte ihrer Ausnützung zu
den verschiedensten Zwecken, krystallisirt sich zuletzt in
eine Art von Einheit, welche schwer löslich, schwer zu
analysiren und, was man hervorheben muss, ganz und gar
u n d e f i n i r b a r ist. (Es ist heute unmöglich, bestimmt zu
sagen, w a r u m eigentlich gestraft wird: alle Begriffe, in
denen sich ein ganzer Prozess semiotisch zusammenfasst,
entziehen sich der Definition; definirbar ist nur Das, was
keine Geschichte hat.) In einem früheren Stadium erscheint
dagegen jene Synthesis von »Sinnen« noch löslicher, auch
noch verschiebbarer; man kann noch wahrnehmen, wie für
jeden einzelnen Fall die Elemente der Synthesis ihre Wer-
thigkeit verändern und sich demgemäss umordnen, so dass
bald dies, bald jenes Element auf Kosten der übrigen hervor-
tritt und dominirt, ja unter Umständen Ein Element (etwa
der Zweck der Abschreckung) den ganzen Rest von Elemen-
ten aufzuheben scheint. Um wenigstens eine Vorstellung
davon zu geben, wie unsicher, wie nachträglich, wie acci-
dentiell »der Sinn« der Strafe ist und wie ein und dieselbe

Prozedur auf grundverschiedne Absichten hin benützt, gedeutet, zurechtgemacht werden kann: so stehe hier das Schema, das sich mir selbst auf Grund eines verhältnissmässig kleinen und zufälligen Materials ergeben hat. Strafe als Unschädlichmachen, als Verhinderung weiteren Schädigens. Strafe als Abzahlung des Schadens an den Geschädigten, in irgend einer Form (auch in der einer Affekt-Compensation). Strafe als Isolirung einer Gleichgewichts-Störung, um ein Weitergreifen der Störung zu verhüten. Strafe als Furchteinflössen vor Denen, welche die Strafe bestimmen und exekutiren. Strafe als eine Art Ausgleich für die Vortheile, welche der Verbrecher bis dahin genossen hat (zum Beispiel [318] wenn er als Bergwerkssklave nutzbar gemacht wird). Strafe als Ausscheidung eines entartenden Elementes (unter Umständen eines ganzen Zweigs, wie nach chinesischem Rechte: somit als Mittel zur Reinerhaltung der Rasse oder zur Festhaltung eines socialen Typus). Strafe als Fest, nämlich als Vergewaltigung und Verhöhnung eines endlich niedergeworfnen Feindes. Strafe als ein Gedächtnissmachen, sei es für Den, der die Strafe erleidet – die sogenannte »Besserung«, sei es für die Zeugen der Exekution. Strafe als Zahlung eines Honorars, ausbedungen Seitens der Macht, welche den Übelthäter vor den Ausschweifungen der Rache schützt. Strafe als Compromiss mit dem Naturzustand der Rache, sofern letzterer durch mächtige Geschlechter noch aufrecht erhalten und als Privilegium in Anspruch genommen wird. Strafe als Kriegserklärung und Kriegsmaassregel gegen einen Feind des Friedens, des Gesetzes, der Ordnung, der Obrigkeit, den man als gefährlich für das Gemeinwesen, als vertragsbrüchig in Hinsicht auf dessen Voraussetzungen, als einen Empörer, Verräther und Friedensbrecher bekämpft, mit Mitteln, wie sie eben der Krieg an die Hand giebt. –

14.

Diese Liste ist gewiss nicht vollständig; ersichtlich ist die Strafe mit Nützlichkeiten aller Art überladen. Um so eher darf man von ihr eine vermeintliche Nützlichkeit in Abzug bringen, die allerdings im populären Bewusstsein als ihre wesentlichste gilt, – der Glaube an die Strafe, der heute aus mehreren Gründen wackelt, findet gerade an ihr immer noch seine kräftigste Stütze. Die Strafe soll den Werth haben, das Gefühl der Schuld im Schuldigen aufzuwecken, man sucht in ihr das eigentliche instrumentum jener seelischen Reaktion, welche »schlechtes Gewissen«, »Gewissensbiss« genannt wird. Aber damit vergreift man sich selbst für heute noch an [319] der Wirklichkeit und der Psychologie: und wie viel mehr für die längste Geschichte des Menschen, seine Vorgeschichte! Der ächte Gewissensbiss ist gerade unter Verbrechern und Sträflingen etwas äusserst Seltenes, die Gefängnisse, die Zuchthäuser sind nicht die Brutstätten, an denen diese Species von Nagewurm mit Vorliebe gedeiht: – darin kommen alle gewissenhaften Beobachter überein, die in vielen Fällen ein derartiges Urtheil ungern genug und wider die eigensten Wünsche abgeben. In's Grosse gerechnet, härtet und kältet die Strafe ab; sie concentrirt; sie verschärft das Gefühl der Entfremdung; sie stärkt die Widerstandskraft. Wenn es vorkommt, dass sie die Energie zerbricht und eine erbärmliche Prostration und Selbsterniedrigung zu Wege bringt, so ist ein solches Ergebniss sicherlich noch weniger erquicklich als die durchschnittliche Wirkung der Strafe: als welche sich durch einen trocknen düsteren Ernst charakterisirt. Denken wir aber gar an jene Jahrtausende vor der Geschichte des Menschen, so darf man unbedenklich urtheilen, dass gerade durch die Strafe die Entwicklung des Schuldgefühls am kräftigsten aufgehalten worden ist, – wenigstens in Hinsicht auf die Opfer, an denen sich die strafende Gewalt ausliess. Unterschätzen wir nämlich nicht, inwiefern der Verbrecher gerade durch den Anblick der gerichtlichen und

vollziehenden Prozeduren selbst verhindert wird, seine
That, die Art seiner Handlung, an sich als verwerflich zu
empfinden: denn er sieht genau die gleiche Art von Handlungen im Dienst der Gerechtigkeit verübt und dann gut
geheissen, mit gutem Gewissen verübt: also Spionage, Über-
listung, Bestechung, Fallenstellen, die ganze kniffliche und
durchtriebne Polizisten- und Anklägerkunst, sodann das
grundsätzliche, selbst nicht durch den Affekt entschuldigte
Berauben, Überwältigen, Beschimpfen, Gefangennehmen,
Foltern, Morden, wie es in den verschiednen Arten der
Strafe sich ausprägt, – Alles somit von seinen Richtern
keineswegs an sich verworfene und verurtheilte Handlungen, sondern nur in einer gewissen Hinsicht und Nutzan-
wen[320]dung. Das »schlechte Gewissen«, diese unheimlichste und interessanteste Pflanze unsrer irdischen Vegetation,
ist nicht auf diesem Boden gewachsen, – in der That
drückte sich im Bewusstsein der Richtenden, der Strafenden
selbst die längste Zeit hindurch Nichts davon aus, dass
man mit einem »Schuldigen« zu thun habe. Sondern mit
einem Schaden-Anstifter, mit einem unverantwortlichen
Stück Verhängniss. Und Der selber, über den nachher die
Strafe, wiederum wie ein Stück Verhängniss, herfiel, hatte
dabei keine andre »innere Pein«, als wie beim plötzlichen
Eintreten von etwas Unberechnetem, eines schrecklichen
Naturereignisses, eines herabstürzenden, zermalmenden
Felsblockes, gegen den es keinen Kampf mehr giebt.

15.

Dies kam einmal auf eine verfängliche Weise Spinoza zum
Bewusstsein (zum Verdruss seiner Ausleger, welche sich
ordentlich darum bemühen, ihn an dieser Stelle missszu-
verstehn, zum Beispiel Kuno Fischer), als er eines Nachmit-
tags, wer weiss, an was für einer Erinnerung sich reibend,
der Frage nachhieng, was eigentlich für ihn selbst von dem
berühmten morsus conscientiae übrig geblieben sei –
er, der Gut und Böse unter die menschlichen Einbildungen

verwiesen und mit Ingrimm die Ehre seines »freien« Gottes
gegen jene Lästerer vertheidigt hatte, deren Behauptung
dahin gieng, Gott wirke Alles sub ratione boni (»das aber
hiesse Gott dem Schicksale unterwerfen und wäre fürwahr
die grösste aller Ungereimtheiten« –). Die Welt war für
Spinoza wieder in jene Unschuld zurückgetreten, in der sie
vor der Erfindung des schlechten Gewissens dalag: was war
damit aus dem morsus conscientiae geworden? »Der Gegensatz des gaudium, sagte er sich endlich, – eine Traurigkeit,
begleitet von der Vorstellung einer vergangnen Sache, die
gegen alles Erwarten ausgefallen ist.« Eth. III propos. XVIII
schol. I. II. Nicht anders als Spinoza haben die
[321] von der Strafe ereilten Übel-Anstifter Jahrtausende
lang in Betreff ihres »Vergehens« empfunden: »hier ist
Etwas unvermuthet schief gegangen«, nicht: »das hätte ich
nicht thun sollen« –, sie unterwarfen sich der Strafe, wie
man sich einer Krankheit oder einem Unglücke oder dem
Tode unterwirft, mit jenem beherzten Fatalismus ohne
Revolte, durch den zum Beispiel heute noch die Russen in
der Handhabung des Lebens gegen uns Westländer im Vortheil sind. Wenn es damals eine Kritik der That gab, so war
es die Klugheit, die an der That Kritik übte: ohne Frage
müssen wir die eigentliche Wirkung der Strafe vor Allem
in einer Verschärfung der Klugheit suchen, in einer Verlän-
gerung des Gedächtnisses, in einem Willen, fürderhin vor-
sichtiger, misstrauischer, heimlicher zu Werke zu gehn, in
der Einsicht, dass man für Vieles ein-für-alle-Mal zu
schwach sei, in einer Art Verbesserung der Selbstbeurthei-
lung. Das, was durch die Strafe im Grossen erreicht werden
kann, bei Mensch und Thier, ist die Vermehrung der Furcht,
die Verschärfung der Klugheit, die Bemeisterung der Begierden: damit zähmt die Strafe den Menschen, aber sie macht
ihn nicht »besser«, – man dürfte mit mehr Recht noch das
Gegentheil behaupten. (»Schaden macht klug«, sagt das
Volk: soweit er klug macht, macht er auch schlecht. Glücklicher Weise macht er oft genug dumm.)

16.

An dieser Stelle ist es nun nicht mehr zu umgehn, meiner eignen Hypothese über den Ursprung des »schlechten Gewissens« zu einem ersten vorläufigen Ausdrucke zu verhelfen: sie ist nicht leicht zu Gehör zu bringen und will lange bedacht, bewacht und beschlafen sein. Ich nehme das schlechte Gewissen als die tiefe Erkrankung, welcher der Mensch unter dem Druck jener gründlichsten aller Veränderungen verfallen musste, die er überhaupt erlebt hat, – jener Veränderung, als er sich endgültig [322] in den Bann der Gesellschaft und des Friedens eingeschlossen fand. Nicht anders als es den Wasserthieren ergangen sein muss, als sie gezwungen wurden, entweder Landthiere zu werden oder zu Grunde zu gehn, so ging es diesen der Wildniss, dem Kriege, dem Herumschweifen, dem Abenteuer glücklich angepassten Halbthieren, – mit Einem Male waren alle ihre Instinkte entwerthet und »ausgehängt«. Sie sollten nunmehr auf den Füssen gehn und »sich selber tragen«, wo sie bisher vom Wasser getragen wurden: eine entsetzliche Schwere lag auf ihnen. Zu den einfachsten Verrichtungen fühlten sie sich ungelenk, sie hatten für diese neue unbekannte Welt ihre alten Führer nicht mehr, die regulirenden unbewusst-sicher-führenden Triebe, – sie waren auf Denken, Schliessen, Berechnen, Combiniren von Ursachen und Wirkungen reduzirt, diese Unglücklichen, auf ihr »Bewusstsein«, auf ihr ärmlichstes und fehlgreifendstes Organ! Ich glaube, dass niemals auf Erden ein solches Elends-Gefühl, ein solches bleiernes Missbehagen dagewesen ist, – und dabei hatten jene alten Instinkte nicht mit Einem Male aufgehört, ihre Forderungen zu stellen! Nur war es schwer und selten möglich, ihnen zu Willen zu sein: in der Hauptsache mussten sie sich neue und gleichsam unterirdische Befriedigungen suchen. Alle Instinkte, welche sich nicht nach Aussen entladen, wenden sich nach Innen – dies ist das, was ich die Verinnerlichung des Menschen nenne: damit wächst erst das an den Menschen heran, was man später

seine »Seele« nennt. Die ganze innere Welt, ursprünglich
dünn wie zwischen zwei Häute eingespannt, ist in dem
Maasse aus einander- und aufgegangen, hat Tiefe, Breite,
Höhe bekommen, als die Entladung des Menschen nach Aussen **gehemmt** worden ist. Jene furchtbaren Bollwerke,
mit denen sich die staatliche Organisation gegen die alten
Instinkte der Freiheit schützte – die Strafen gehören vor
Allem zu diesen Bollwerken – brachten zu Wege, dass alle
jene Instinkte des wilden freien schweifenden Menschen sich
rückwärts, sich **gegen den Menschen** [323] **selbst**
wandten. Die Feindschaft, die Grausamkeit, die Lust an der
Verfolgung, am Überfall, am Wechsel, an der Zerstörung –
Alles das gegen die Inhaber solcher Instinkte sich wendend:
das ist der Ursprung des »schlechten Gewissens«. Der
Mensch, der sich, aus Mangel an äusseren Feinden und
Widerständen, eingezwängt in eine drückende Enge und
Regelmässigkeit der Sitte, ungeduldig selbst zerriss, ver-
folgte, annagte, aufstörte, misshandelte, dies an den Gitter-
stangen seines Käfigs sich wund stossende Thier, das man
»zähmen« will, dieser Entbehrende und vom Heimweh der
Wüste Verzehrte, der aus sich selbst ein Abenteuer, eine
Folterstätte, eine unsichere und gefährliche Wildniss schaf-
fen musste – dieser Narr, dieser sehnsüchtige und verzwei-
felte Gefangne wurde der Erfinder des »schlechten Gewissens«. Mit ihm aber war die grösste und unheimlichste
Erkrankung eingeleitet, von welcher die Menschheit bis
heute nicht genesen ist, das Leiden des Menschen **am**
Menschen, an sich: als die Folge einer gewaltsamen
Abtrennung von der thierischen Vergangenheit, eines
Sprunges und Sturzes gleichsam in neue Lagen und Daseins-
Bedingungen, einer Kriegserklärung gegen die alten Instinkte, auf denen bis dahin seine Kraft, Lust und Furcht-
barkeit beruhte. Fügen wir sofort hinzu, dass andrerseits mit
der Thatsache einer gegen sich selbst gekehrten, gegen sich
selbst Partei nehmenden Thierseele auf Erden etwas so
Neues, Tiefes, Unerhörtes, Räthselhaftes, Widerspruchs-

volles und Zukunftsvolles gegeben war, dass der
Aspekt der Erde sich damit wesentlich veränderte. In der
That, es brauchte göttlicher Zuschauer, um das Schauspiel
zu würdigen, das damit anfieng und dessen Ende durchaus
noch nicht abzusehen ist, – ein Schauspiel zu fein, zu
wundervoll, zu paradox, als dass es sich sinnlos-unvermerkt
auf irgend einem lächerlichen Gestirn abspielen dürfte! Der
Mensch zählt seitdem m i t unter den unerwartetsten und
aufregendsten Glückswürfen, die das »grosse Kind« des
Heraklit, heisse es Zeus oder Zufall, spielt, – er erweckt für
sich ein Interesse, eine Span[324]nung, eine Hoffnung, beinahe eine Gewissheit, als ob mit ihm sich Etwas ankündige,
Etwas vorbereite, als ob der Mensch kein Ziel, sondern nur
ein Weg, ein Zwischenfall, eine Brücke, ein grosses Versprechen sei ...

17.

Zur Voraussetzung dieser Hypothese über den Ursprung
des schlechten Gewissens gehört erstens, dass jene Veränderung keine allmähliche, keine freiwillige war und sich nicht
als ein organisches Hineinwachsen in neue Bedingungen
darstellte, sondern als ein Bruch, ein Sprung, ein Zwang, ein
unabweisbares Verhängniss, gegen das es keinen Kampf und
nicht einmal ein Ressentiment gab. Zweitens aber, dass die
Einfügung einer bisher ungehemmten und ungestalteten
Bevölkerung in eine feste Form, wie sie mit einem Gewalt-
akt ihren Anfang nahm, nur mit lauter Gewaltakten zu Ende
geführt wurde, – dass der älteste »Staat« demgemäss als eine
furchtbare Tyrannei, als eine zerdrückende und rücksichts-
lose Maschinerie auftrat und fortarbeitete, bis ein solcher
Rohstoff von Volk und Halbthier endlich nicht nur durch-
geknetet und gefügig, sondern auch g e f o r m t war. Ich
gebrauchte das Wort »Staat«: es versteht sich von selbst, wer
damit gemeint ist – irgend ein Rudel blonder Raubthiere,
eine Eroberer- und Herren-Rasse, welche kriegerisch organisirt und mit der Kraft, zu organisiren, unbedenklich ihre

furchtbaren Tatzen auf eine der Zahl nach vielleicht unge-
heuer überlegene, aber noch gestaltlose, noch schweifende
Bevölkerung legt. Dergestalt beginnt ja der »Staat« auf
Erden: ich denke, jene Schwärmerei ist abgethan, welche ihn
mit einem »Vertrage« beginnen liess. Wer befehlen kann,
wer von Natur »Herr« ist, wer gewaltthätig in Werk und
Gebärde auftritt – was hat der mit Verträgen zu schaffen!
Mit solchen Wesen rechnet man nicht, sie kommen wie das
Schicksal, ohne Grund, Vernunft, Rücksicht, Vorwand, sie
sind da wie der Blitz da ist, zu [325] furchtbar, zu plötzlich,
zu überzeugend, zu »anders«, um selbst auch nur gehasst zu
werden. Ihr Werk ist ein instinktives Formen-schaffen, For-
men-aufdrücken, es sind die unfreiwilligsten, unbewusste-
sten Künstler, die es giebt: – in Kürze steht etwas Neues da,
wo sie erscheinen, ein Herrschafts-Gebilde, das l e b t, in
dem Theile und Funktionen abgegrenzt und bezüglich
gemacht sind, in dem Nichts überhaupt Platz findet, dem
nicht erst ein »Sinn« in Hinsicht auf das Ganze eingelegt ist.
Sie wissen nicht, was Schuld, was Verantwortlichkeit, was
Rücksicht ist, diese geborenen Organisatoren; in ihnen wal-
tet jener furchtbare Künstler-Egoismus, der wie Erz blickt
und sich im »Werke«, wie die Mutter in ihrem Kinde, in alle
Ewigkeit voraus gerechtfertigt weiss. S i e sind es nicht, bei
denen das »schlechte Gewissen« gewachsen ist, das versteht
sich von vornherein, – aber es würde nicht o h n e s i e
gewachsen sein, dieses hässliche Gewächs, es würde fehlen,
wenn nicht unter dem Druck ihrer Hammerschläge, ihrer
Künstler-Gewaltsamkeit ein ungeheures Quantum Freiheit
aus der Welt, mindestens aus der Sichtbarkeit geschafft und
gleichsam l a t e n t gemacht worden wäre. Dieser gewaltsam
latent gemachte I n s t i n k t d e r F r e i h e i t – wir begriffen
es schon – dieser zurückgedrängte, zurückgetretene, in's
Innere eingekerkerte und zuletzt nur an sich selbst noch sich
entladende und auslassende Instinkt der Freiheit: das, nur
das ist in seinem Anbeginn das s c h l e c h t e G e w i s s e n.

18.

Man hüte sich, von diesem ganzen Phänomen deshalb schon gering zu denken, weil es von vornherein hässlich und schmerzhaft ist. Im Grunde ist es ja dieselbe aktive Kraft, die in jenen Gewalt-Künstlern und Organisatoren grossartiger am Werke ist und Staaten baut, welche hier, innerlich, kleiner, kleinlicher, in der Richtung nach rückwärts, im »Labyrinth der Brust«, um mit [326] Goethe zu reden, sich das schlechte Gewissen schafft und negative Ideale baut, eben jener Instinkt der Freiheit (in meiner Sprache geredet: der Wille zur Macht): nur dass der Stoff, an dem sich die formbildende und vergewaltigende Natur dieser Kraft auslässt, hier eben der Mensch selbst, sein ganzes thierisches altes Selbst ist – und nicht, wie in jenem grösseren und augenfälligeren Phänomen, der andre Mensch, die andren Menschen. Diese heimliche Selbst-Vergewaltigung, diese Künstler-Grausamkeit, diese Lust, sich selbst als einem schweren widerstrebenden leidenden Stoffe eine Form zu geben, einen Willen, eine Kritik, einen Widerspruch, eine Verachtung, ein Nein einzubrennen, diese unheimliche und entsetzlich-lustvolle Arbeit einer mit sich selbst willig-zwiespältigen Seele, welche sich leiden macht, aus Lust am Leidenmachen, dieses ganze aktivische »schlechte Gewissen« hat zuletzt – man erräth es schon – als der eigentliche Mutterschooss idealer und imaginativer Ereignisse auch eine Fülle von neuer befremdlicher Schönheit und Bejahung an's Licht gebracht und vielleicht überhaupt erst die Schönheit ... Was wäre denn »schön«, wenn nicht erst der Widerspruch sich selbst zum Bewusstsein gekommen wäre, wenn nicht erst das Hässliche zu sich selbst gesagt hätte: »ich bin hässlich«? ... Zum Mindesten wird nach diesem Winke das Räthsel weniger räthselhaft sein, in wiefern in widersprüchlichen Begriffen, wie Selbstlosigkeit, Selbstverleugnung, Selbstopferung ein Ideal, eine Schönheit angedeutet sein kann; und Eins weiss man hinfort, ich zweifle nicht daran –,

welcher Art nämlich von Anfang an die Lust ist, die
der Selbstlose, der Sich-selbst-Verleugnende, Sich-selber-
Opfernde empfindet: diese Lust gehört zur Grausamkeit.
– Soviel vorläufig zur Herkunft des »Unegoistischen« als eines
moralischen Werthes und zur Absteckung des Bodens,
aus dem dieser Werth gewachsen ist: erst das schlechte
Gewissen, erst der Wille zur Selbstmisshandlung [327] giebt
die Voraussetzung ab für den Werth des Unegoistischen. –

19.

Es ist eine Krankheit, das schlechte Gewissen, das unterliegt
keinem Zweifel, aber eine Krankheit, wie die Schwangerschaft eine Krankheit ist. Suchen wir die Bedingungen auf,
unter denen diese Krankheit auf ihren furchtbarsten und
sublimsten Gipfel gekommen ist: – wir werden sehn, was
damit eigentlich erst seinen Eintritt in die Welt gemacht hat.
Dazu aber bedarf es eines langen Athems, – und zunächst
müssen wir noch einmal zu einem früheren Gesichtspunkte
zurück. Das privatrechtliche Verhältniss des Schuldners zu
seinem Gläubiger, von dem des längeren schon die Rede
war, ist noch einmal, und zwar in einer historisch überaus
merkwürdigen und bedenklichen Weise in ein Verhältniss
hineininterpretirt worden, worin es uns modernen Menschen vielleicht am unverständlichsten ist: nämlich in das
Verhältniss der Gegenwärtigen zu ihren Vorfahren.
Innerhalb der ursprünglichen Geschlechtsgenossenschaft –
wir reden von Urzeiten – erkennt jedes Mal die lebende
Generation gegen die frühere und in Sonderheit gegen die
früheste, geschlecht-begründende eine juristische Verpflichtung an (und keineswegs eine blosse Gefühls-Verbindlich-
keit: man dürfte diese letztere sogar nicht ohne Grund für
die längste Dauer des menschlichen Geschlechts überhaupt
in Abrede stellen). Hier herrscht die Überzeugung, dass das
Geschlecht durchaus nur durch die Opfer und Leistungen
der Vorfahren besteht, – und dass man ihnen diese durch
Opfer und Leistungen zurückzuzahlen hat: man er-

kennt somit eine S c h u l d an, die dadurch noch beständig
anwächst, dass diese Ahnen in ihrer Fortexistenz als mächtige Geister nicht aufhören, dem Geschlechte neue Vortheile
und Vorschüsse seitens ihrer Kraft zu gewähren. Umsonst
etwa? Aber es giebt kein [328] »Umsonst« für jene rohen und
»seelenarmen« Zeitalter. Was kann man ihnen zurückgeben?
Opfer (anfänglich zur Nahrung, im gröblichsten Verstande),
Feste, Kapellen, Ehrenbezeigungen, vor Allem Gehorsam –
denn alle Bräuche sind, als Werke der Vorfahren, auch deren
Satzungen und Befehle –: giebt man ihnen je genug? Dieser
Verdacht bleibt übrig und wächst: von Zeit zu Zeit erzwingt
er eine grosse Ablösung in Bausch und Bogen, irgend etwas
Ungeheures von Gegenzahlung an den »Gläubiger« (das
berüchtigte Erstlingsopfer zum Beispiel, Blut, Menschen-
blut in jedem Falle). Die F u r c h t vor dem Ahnherrn und
seiner Macht, das Bewusstsein von Schulden gegen ihn
nimmt nach dieser Art von Logik nothwendig genau in
dem Maasse zu, in dem die Macht des Geschlechts selbst
zunimmt, in dem das Geschlecht selbst immer siegreicher,
unabhängiger, geehrter, gefürchteter dasteht. Nicht etwa
umgekehrt! Jeder Schritt zur Verkümmerung des Geschlechts, alle elenden Zufälle, alle Anzeichen von Entartung, von heraufkommender Auflösung v e r m i n d e r n
vielmehr immer auch die Furcht vor dem Geiste seines
Begründers und geben eine immer geringere Vorstellung von
seiner Klugheit, Vorsorglichkeit und Macht-Gegenwart.
Denkt man sich diese rohe Art Logik bis an ihr Ende gelangt: so müssen schliesslich die Ahnherrn der m ä c h-
t i g s t e n Geschlechter durch die Phantasie der wachsenden
Furcht selbst in's Ungeheure gewachsen und in das Dunkel
einer göttlichen Unheimlichkeit und Unvorstellbarkeit
zurückgeschoben worden sein: – der Ahnherr wird zuletzt
nothwendig in einen G o t t transfigurirt. Vielleicht ist hier
selbst der Ursprung der Götter, ein Ursprung also aus der
F u r c h t !... Und wem es nöthig scheinen sollte hinzuzufü-
gen: »aber auch aus der Pietät!« dürfte schwerlich damit für

jene längste Zeit des Menschengeschlechts Recht behalten, für seine Urzeit. Um so mehr freilich für die mittlere Zeit, in der die vornehmen Geschlechter sich herausbilden: – als welche in der That ihren Urhebern, den Ahnherren (Heroen, Göttern) alle die Eigen[329]schaften mit Zins zurückgegeben haben, die inzwischen in ihnen selbst offenbar geworden sind, die vornehmen Eigenschaften. Wir werden auf die Veradligung und Veredelung der Götter (die freilich durchaus nicht deren »Heiligung« ist) später noch einen Blick werfen: führen wir jetzt nur den Gang dieser ganzen Schuldbewusstseins-Entwicklung vorläufig zu Ende.

20.

Das Bewusstsein, Schulden gegen die Gottheit zu haben, ist, wie die Geschichte lehrt, auch nach dem Niedergang der blutverwandtschaftlichen Organisationsform der »Gemeinschaft« keineswegs zum Abschluss gekommen; die Menschheit hat, in gleicher Weise, wie sie die Begriffe »gut und schlecht« von dem Geschlechts-Adel (sammt dessen psychologischem Grundhange, Rangordnungen anzusetzen) geerbt hat, mit der Erbschaft der Geschlechts- und Stammgottheiten auch die des Drucks von noch unbezahlten Schulden und des Verlangens nach Ablösung derselben hinzubekommen. (Den Übergang machen jene breiten Sklaven- und Hörigen-Bevölkerungen, welche sich an den Götter-Cultus ihrer Herren, sei es durch Zwang, sei es durch Unterwürfigkeit und mimicry, angepasst haben: von ihnen aus fliesst dann diese Erbschaft nach allen Seiten über.) Das Schuldgefühl gegen die Gottheit hat mehrere Jahrtausende nicht aufgehört zu wachsen, und zwar immer fort im gleichen Verhältnisse, wie der Gottesbegriff und das Gottesgefühl auf Erden gewachsen und in die Höhe getragen worden ist. (Die ganze Geschichte des ethnischen Kämpfens, Siegens, Sich-versöhnens, Sich-verschmelzens, Alles was der endgültigen Rangordnung aller Volks-Elemente in jeder grossen Rassen-Synthesis vorangeht, spiegelt sich in dem Genealogien-Wirrwarr

ihrer Götter, in den Sagen von deren Kämpfen, Siegen und
Versöhnungen ab; der Fortgang zu Universal-Reichen ist
immer auch der Fortgang zu Universal-Gottheiten, der
Despotismus mit seiner Überwältigung des un[330]abhängi-
gen Adels bahnt immer auch irgend welchem Monotheismus
den Weg.) Die Heraufkunft des christlichen Gottes, als des
Maximal-Gottes, der bisher erreicht worden ist, hat deshalb
auch das Maximum des Schuldgefühls auf Erden zur Erscheinung gebracht. Angenommen, dass wir nachgerade
in die u m g e k e h r t e Bewegung eingetreten sind, so dürfte
man mit keiner kleinen Wahrscheinlichkeit aus dem unaufhaltsamen Niedergang des Glaubens an den christlichen
Gott ableiten, dass es jetzt bereits auch schon einen erheb-
lichen Niedergang des menschlichen Schuldbewusstseins
gäbe; ja die Aussicht ist nicht abzuweisen, dass der voll-
kommne und endgültige Sieg des Atheismus die Menschheit
von diesem ganzen Gefühl, Schulden gegen ihren Anfang,
ihre causa prima zu haben, lösen dürfte. Atheismus und eine
Art z w e i t e r U n s c h u l d gehören zu einander. –

21.

Dies vorläufig im Kurzen und Groben über den Zusammenhang der Begriffe »Schuld«, »Pflicht« mit religiösen Voraussetzungen: ich habe absichtlich die eigentliche Moralisirung
dieser Begriffe (die Zurückschiebung derselben in's Gewissen, noch bestimmter, die Verwicklung des s c h l e c h t e n
Gewissens mit dem Gottesbegriffe) bisher bei Seite gelassen
und am Schluss des vorigen Abschnittes sogar geredet, wie
als ob es diese Moralisirung gar nicht gäbe, folglich, wie als
ob es mit jenen Begriffen nunmehr nothwendig zu Ende
gienge, nachdem deren Voraussetzung gefallen ist, der
Glaube an unsern »Gläubiger«, an Gott. Der Thatbestand
weicht davon in einer furchtbaren Weise ab. Mit der Moralisirung der Begriffe Schuld und Pflicht, mit ihrer Zurückschiebung in's s c h l e c h t e Gewissen ist ganz eigentlich der
Versuch gegeben, die Richtung der eben beschriebenen

Entwicklung u m z u k e h r e n, mindestens ihre Bewegung
stillzustellen: jetzt s o l l gerade die Aussicht auf eine
[331] endgültige Ablösung ein-für-alle-Mal sich pessimistisch
zuschliessen, jetzt s o l l der Blick trostlos vor einer ehernen
Unmöglichkeit abprallen, zurückprallen, jetzt s o l l e n jene
Begriffe »Schuld« und »Pflicht« sich rückwärts wenden –
gegen w e n denn? Man kann nicht zweifeln: zunächst gegen
den »Schuldner«, in dem nunmehr das schlechte Gewissen
sich dermaassen festsetzt, einfrisst, ausbreitet und polypen-
haft in jede Breite und Tiefe wächst, bis endlich mit der
Unlösbarkeit der Schuld auch die Unlösbarkeit der Busse,
der Gedanke ihrer Unabzahlbarkeit (der »e w i g e n Strafe«)
concipirt ist –; endlich aber sogar gegen den »Gläubiger«,
denke man dabei nun an die causa prima des Menschen, an
den Anfang des menschlichen Geschlechts, an seinen Ahnherrn, der nunmehr mit einem Fluche behaftet wird
(»Adam«, »Erbsünde«, »Unfreiheit des Willens«) oder an
die Natur, aus deren Schooss der Mensch entsteht und in die
nunmehr das böse Princip hineingelegt wird (»Verteufelung
der Natur«) oder an das Dasein überhaupt, das als u n -
w e r t h a n s i c h übrig bleibt (nihilistische Abkehr von
ihm, Verlangen in's Nichts oder Verlangen in seinen
»Gegensatz«, in ein Anderssein, Buddhismus und Verwandtes) – bis wir mit Einem Male vor dem paradoxen und
entsetzlichen Auskunftsmittel stehn, an dem die gemarterte
Menschheit eine zeitweilige Erleichterung gefunden hat,
jenem Geniestreich des C h r i s t e n t h u m s: Gott selbst
sich für die Schuld des Menschen opfernd, Gott selbst sich
an sich selbst bezahlt machend, Gott als der Einzige, der
vom Menschen ablösen kann, was für den Menschen selbst
unablösbar geworden ist – der Gläubiger sich für seinen
Schuldner opfernd, aus L i e b e (sollte man's glauben? –),
aus Liebe zu seinem Schuldner! . . .

22.

Man wird bereits errathen haben, w a s eigentlich mit dem
Allen und u n t e r dem Allen geschehen ist: jener Wille zur
[332] Selbstpeinigung, jene zurückgetretene Grausamkeit des
innerlich gemachten, in sich selbst zurückgescheuchten
Thiermenschen, des zum Zweck der Zähmung in den
»Staat« Eingesperrten, der das schlechte Gewissen erfunden
hat, um sich wehe zu thun, nachdem der n a t ü r l i c h e r e
Ausweg dieses Wehe-thun-wollens verstopft war, – dieser
Mensch des schlechten Gewissens hat sich der religiösen
Voraussetzung bemächtigt, um seine Selbstmarterung bis zu
ihrer schauerlichsten Härte und Schärfe zu treiben. Eine
Schuld gegen G o t t : dieser Gedanke wird ihm zum Folter-
werkzeug. Er ergreift in »Gott« die letzten Gegensätze, die
er zu seinen eigentlichen und unablöslichen Thier-Instinkten
zu finden vermag, er deutet diese Thier-Instinkte selbst um
als Schuld gegen Gott (als Feindschaft, Auflehnung, Auf-
ruhr gegen den »Herrn«, den »Vater«, den Urahn und Anfang der Welt), er spannt sich in den Widerspruch »Gott«
und »Teufel«, er wirft alles Nein, das er zu sich selbst, zur
Natur, Natürlichkeit, Thatsächlichkeit seines Wesens sagt,
aus sich heraus als ein Ja, als seiend, leibhaft, wirklich, als
Gott, als Heiligkeit Gottes, als Richterthum Gottes, als
Henkerthum Gottes, als Jenseits, als Ewigkeit, als Marter
ohne Ende, als Hölle, als Unausmessbarkeit von Strafe und
von Schuld. Dies ist eine Art Willens-Wahnsinn in der
seelischen Grausamkeit, der schlechterdings nicht seines
Gleichen hat: der W i l l e des Menschen, sich schuldig und
verwerflich zu finden bis zur Unsühnbarkeit, sein W i l l e ,
sich bestraft zu denken, ohne dass die Strafe je der Schuld
äquivalent werden könne, sein W i l l e , den untersten
Grund der Dinge mit dem Problem von Strafe und Schuld
zu inficiren und giftig zu machen, um sich aus diesem
Labyrinth von »fixen Ideen« ein für alle Mal den Ausweg
abzuschneiden, sein W i l l e , ein Ideal aufzurichten – das
des »heiligen Gottes« –, um Angesichts desselben seiner

absoluten Unwürdigkeit handgreiflich gewiss zu sein. Oh über diese wahnsinnige traurige Bestie Mensch! Welche Einfälle kommen ihr, welche Widernatur, welche Paroxysmen des Unsinns, welche Bestiali[333]tät der Idee bricht sofort heraus, wenn sie nur ein wenig verhindert wird, Bestie der That zu sein!... Dies Alles ist interessant bis zum Übermaass, aber auch von einer schwarzen düsteren entnervenden Traurigkeit, dass man es sich gewaltsam verbieten muss, zu lange in diese Abgründe zu blicken. Hier ist Krankheit, es ist kein Zweifel, die furchtbarste Krankheit, die bis jetzt im Menschen gewüthet hat: – und wer es noch zu hören vermag (aber man hat heute nicht mehr die Ohren dafür! –) wie in dieser Nacht von Marter und Widersinn der Schrei Liebe, der Schrei des sehnsüchtigsten Entzückens, der Erlösung in der Liebe geklungen hat, der wendet sich ab, von einem unbesieglichen Grausen erfasst ... Im Menschen ist so viel Entsetzliches! ... Die Erde war zu lange schon ein Irrenhaus! ...

23.

Dies genüge ein für alle Mal über die Herkunft des »heiligen Gottes«. – Dass an sich die Conception von Göttern nicht nothwendig zu dieser Verschlechterung der Phantasie führen muss, deren Vergegenwärtigung wir uns für einen Augenblick nicht erlassen durften, dass es vornehmere Arten giebt, sich der Erdichtung von Göttern zu bedienen, als zu dieser Selbstkreuzigung und Selbstschändung des Menschen, in der die letzten Jahrtausende Europa's ihre Meisterschaft gehabt haben, – das lässt sich zum Glück aus jedem Blick noch abnehmen, den man auf die griechischen Götter wirft, diese Wiederspiegelungen vornehmer und selbstherrlicher Menschen, in denen das Thier im Menschen sich vergöttlicht fühlte und nicht sich selbst zerriss, nicht gegen sich selber wüthete! Diese Griechen haben sich die längste Zeit ihrer Götter bedient, gerade um sich das »schlechte Gewissen« vom Leibe zu halten, um

ihrer Freiheit der Seele froh bleiben zu dürfen: also in einem
umgekehrten Verstande als das Christen[334]thum Gebrauch
von seinem Gotte gemacht hat. Sie giengen darin s e h r
w e i t, diese prachtvollen und löwenmüthigen Kindsköpfe;
und keine geringere Autorität als die des homerischen Zeus
selbst giebt es ihnen hier und da zu verstehn, dass sie es
sich zu leicht machen. »Wunder! sagt er einmal – es handelt
sich um den Fall des Ägisthos, um einen s e h r schlimmen
Fall –

»Wunder, wie sehr doch klagen die Sterblichen
                              wider die Götter!
»N u r v o n u n s s e i B ö s e s, vermeinen sie; aber
                              sie selber
»Schaffen durch Unverstand, auch gegen Geschick,
                              sich das Elend.«

Doch hört und sieht man hier zugleich, auch dieser olympi-
sche Zuschauer und Richter ist ferne davon, ihnen deshalb
gram zu sein und böse von ihnen zu denken: »was sie
t h ö r i c h t sind!« so denkt er bei den Unthaten der Sterblichen, – und »Thorheit«, »Unverstand«, ein wenig »Störung
im Kopfe«, so viel haben auch die Griechen der stärksten,
tapfersten Zeit selbst bei sich z u g e l a s s e n als Grund von
vielem Schlimmen und Verhängnissvollen: – Thorheit,
n i c h t S ü n d e! versteht ihr das? ... Selbst aber diese Störung
im Kopfe war ein Problem – »ja, wie ist sie auch nur
möglich? woher mag sie eigentlich gekommen sein, bei
Köpfen, wie w i r sie haben, wir Menschen der edlen Abkunft, des Glücks, der Wohlgerathenheit, der besten Gesellschaft, der Vornehmheit, der Tugend?« – so fragte sich
Jahrhunderte lang der vornehme Grieche Angesichts jedes
ihm unverständlichen Greuels und Frevels, mit dem sich
Einer von seines Gleichen befleckt hatte. »Es muss ihn
wohl ein G o t t bethört haben«, sagte er sich endlich, den
Kopf schüttelnd ... Dieser Ausweg ist t y p i s c h für Griechen ... Dergestalt dienten damals die Götter dazu, den
Menschen bis zu einem gewissen Grade auch im Schlimmen

zu rechtfertigen, sie dienten als [335] Ursachen des Bösen –
damals nahmen sie nicht die Strafe auf sich, sondern, wie es
v o r n e h m e r ist, die Schuld ...

24.

– Ich schliesse mit drei Fragezeichen, man sieht es wohl.
»Wird hier eigentlich ein Ideal aufgerichtet oder eines abgebrochen? so fragt man mich vielleicht ... Aber habt ihr euch
selber je genug gefragt, wie theuer sich auf Erden die Aufrichtung j e d e s Ideals bezahlt gemacht hat? Wie viel Wirklichkeit immer dazu verleumdet und verkannt, wie viel Lüge
geheiligt, wie viel Gewissen verstört, wie viel »Gott« jedes
Mal geopfert werden musste? Damit ein Heiligthum aufgerichtet werden kann, m u s s ein H e i l i g t h u m z e r b r o -
c h e n w e r d e n : das ist das Gesetz – man zeige mir den
Fall, wo es nicht erfüllt ist! ... Wir modernen Menschen,
wir sind die Erben der Gewissens-Vivisektion und Selbst-
Thierquälerei von Jahrtausenden: darin haben wir unsre
längste Übung, unsre Künstlerschaft vielleicht, in jedem Fall
unser Raffinement, unsre Geschmacks-Verwöhnung. Der
Mensch hat allzulange seine natürlichen Hänge mit »bösem
Blick« betrachtet, so dass sie sich in ihm schliesslich mit
dem »schlechten Gewissen« verschwistert haben. Ein umge-
kehrter Versuch wäre a n s i c h möglich – aber wer ist stark
genug dazu? – nämlich die u n n a t ü r l i c h e n Hänge,
alle jene Aspirationen zum Jenseitigen, Sinnenwidrigen,
Instinktwidrigen, Naturwidrigen, Thierwidrigen, kurz die
bisherigen Ideale, die allesammt lebensfeindliche Ideale,
Weltverleumder-Ideale sind, mit dem schlechten Gewissen
zu verschwistern. An wen sich heute mit s o l c h e n Hoff-
nungen und Ansprüchen wenden? ... Gerade die g u t e n
Menschen hätte man damit gegen sich; dazu, wie billig, die
bequemen, die versöhnten, die eitlen, die schwärmerischen,
die müden ... Was beleidigt tiefer, was trennt so gründlich
ab, als etwas von der Strenge und Höhe merken zu lassen,
mit der man sich selbst [336] behandelt? Und wiederum – wie

entgegenkommend, wie liebreich zeigt sich alle Welt gegen uns, so bald wir es machen wie alle Welt und uns »gehen lassen« wie alle Welt! ... Es bedürfte zu jenem Ziele einer andren Art Geister, als gerade in diesem Zeitalter wahrscheinlich sind: Geister, durch Kriege und Siege gekräftigt, denen die Eroberung, das Abenteuer, die Gefahr, der Schmerz sogar zum Bedürfnis geworden ist; es bedürfte dazu der Gewöhnung an scharfe hohe Luft, an winterliche Wanderungen, an Eis und Gebirge in jedem Sinne, es bedürfte dazu einer Art sublimer Bosheit selbst, eines letzten selbstgewissesten Muthwillens der Erkenntniss, welcher zur grossen Gesundheit gehört, es bedürfte, kurz und schlimm genug, eben dieser grossen Gesundheit! ... Ist diese gerade heute auch nur möglich? ... Aber irgendwann, in einer stärkeren Zeit, als diese morsche, selbstzweiflerische Gegenwart ist, muss er uns doch kommen, der erlösende Mensch der grossen Liebe und Verachtung, der schöpferische Geist, den seine drängende Kraft aus allem Abseits und Jenseits immer wieder wegtreibt, dessen Einsamkeit vom Volke missverstanden wird, wie als ob sie eine Flucht vor der Wirklichkeit sei –: während sie nur seine Versenkung, Vergrabung, Vertiefung in die Wirklichkeit ist, damit er einst aus ihr, wenn er wieder an's Licht kommt, die Erlösung dieser Wirklichkeit heimbringe: ihre Erlösung von dem Fluche, den das bisherige Ideal auf sie gelegt hat. Dieser Mensch der Zukunft, der uns ebenso vom bisherigen Ideal erlösen wird, als von dem, was aus ihm wachsen musste, vom grossen Ekel, vom Willen zum Nichts, vom Nihilismus, dieser Glockenschlag des Mittags und der grossen Entscheidung, der den Willen wieder frei macht, der der Erde ihr Ziel und dem Menschen seine Hoffnung zurückgiebt, dieser Antichrist und Antinihilist, dieser Besieger Gottes und des Nichts – er muss einst kommen ...

[337]   25.

– Aber was rede ich da? Genug! Genug! An dieser Stelle
geziemt mir nur Eins, zu schweigen: ich vergriffe mich sonst
an dem, was einem Jüngeren allein freisteht, einem
»Zukünftigeren«, einem Stärkeren, als ich bin, – was allein
Zarathustra freisteht, Zarathustra dem Gottlosen...

Dritte Abhandlung:
was bedeuten asketische Ideale?

> Unbekümmert, spöttisch, gewaltthätig – so will
> uns die Weisheit: sie ist ein Weib, sie liebt immer
> nur einen Kriegsmann.
>
> Also sprach Zarathustra.

1.

Was bedeuten asketische Ideale? – Bei Künstlern Nichts
oder zu Vielerlei; bei Philosophen und Gelehrten Etwas wie
Witterung und Instinkt für die günstigsten Vorbedingungen
hoher Geistigkeit; bei Frauen, besten Falls, eine Liebens-
würdigkeit der Verführung m e h r, ein wenig morbidezza
auf schönem Fleische, die Engelhaftigkeit eines hübschen
fetten Thiers; bei physiologisch Verunglückten und Verstimmten (bei der M e h r z a h l der Sterblichen) einen Versuch, sich »zu gut« für diese Welt vorzukommen, eine
heilige Form der Ausschweifung, ihr Hauptmittel im Kampf
mit dem langsamen Schmerz und der Langenweile; bei
Priestern den eigentlichen Priesterglauben, ihr bestes Werkzeug der Macht, auch die »allerhöchste« Erlaubniss zur
Macht; bei Heiligen endlich einen Vorwand zum Winterschlaf, ihre novissima gloriae cupido, ihre Ruhe im Nichts
(»Gott«), ihre Form des Irrsinns. D a s s aber überhaupt das
asketische Ideal dem Menschen so viel bedeutet hat, darin
drückt sich die Grundthatsache des menschlichen Willens
aus, sein horror vacui: e r b r a u c h t e i n Z i e l, – und eher
will er noch d a s N i c h t s wollen, als n i c h t wollen. –
Versteht man mich? ... Hat man mich verstanden? ...
»S c h l e c h t e r d i n g s n i c h t! m e i n H e r r!« – Fangen
wir also von vorne an.

[340]

2.

Was bedeuten asketische Ideale? – Oder, dass ich einen einzelnen Fall nehme, in Betreff dessen ich oft genug um Rath gefragt worden bin, was bedeutet es zum Beispiel, wenn ein Künstler wie Richard Wagner in seinen alten Tagen der Keuschheit eine Huldigung darbringt? In einem gewissen Sinne freilich hat er dies immer gethan; aber erst zu allerletzt in einem asketischen Sinne. Was bedeutet diese »Sinnes«-Änderung, dieser radikale Sinnes-Umschlag? – denn ein solcher war es, Wagner sprang damit geradewegs in seinen Gegensatz um. Was bedeutet es, wenn ein Künstler in seinen Gegensatz umspringt? ... Hier kommt uns, gesetzt, dass wir bei dieser Frage ein wenig Halt machen wollen, alsbald die Erinnerung an die beste, stärkste, frohmüthigste, m u t h i g s t e Zeit, welche es vielleicht im Leben Wagner's gegeben hat: das war damals, als ihn innerlich und tief der Gedanke der Hochzeit Luther's beschäftigte. Wer weiss, an welchen Zufällen es eigentlich gehangen hat, dass wir heute an Stelle dieser Hochzeits-Musik die Meistersinger besitzen? Und wie viel in diesen vielleicht noch von jener fortklingt? Aber keinem Zweifel unterliegt es, dass es sich auch bei dieser »Hochzeit Luther's« um ein Lob der Keuschheit gehandelt haben würde. Allerdings auch um ein Lob der Sinnlichkeit: – und gerade so schiene es mir in Ordnung, gerade so wäre es auch »Wagnerisch« gewesen. Denn zwischen Keuschheit und Sinnlichkeit giebt es keinen nothwendigen Gegensatz; jede gute Ehe, jede eigentliche Herzensliebschaft ist über diesen Gegensatz hinaus. Wagner hätte, wie mir scheint, wohlgethan, diese a n g e n e h m e That-sächlichkeit seinen Deutschen mit Hülfe einer holden und tapferen Luther-Komödie wieder einmal zu Gemüthe zu führen, denn es giebt und gab unter den Deutschen immer viele Verleumder der Sinnlichkeit; und Luther's Verdienst ist vielleicht in Nichts grösser als gerade darin, den Muth zu seiner S i n n l i c h k e i t gehabt zu [341] haben (– man hiess sie damals, zart genug, die »evangelische Freiheit« ...). Selbst aber in jenem Falle, wo es wirklich jenen Gegensatz zwischen Keuschheit und Sinnlichkeit giebt, braucht es glücklicher Weise noch lange kein tragischer Gegensatz zu sein. Dies dürfte wenigstens für alle wohlgeratheneren, wohlgemutheren Sterblichen gelten, welche ferne davon sind, ihr labiles Gleichgewicht zwischen »Thier und Engel« ohne Weiteres zu den Gegengründen des Daseins zu rechnen, — die Feinsten und Hellsten, gleich Goethen, gleich Hafis, haben darin sogar einen Lebensreiz m e h r gesehn. Solche »Widersprüche« gerade verführen zum Dasein ... Andrerseits versteht es sich nur zu gut, dass wenn einmal die verunglückten Schweine dazu gebracht werden, die Keuschheit anzubeten — und es giebt solche Schweine! — sie in ihr nur ihren Gegensatz, den Gegensatz zum verunglückten Schweine sehn und anbeten werden — oh mit was für einem tragischen Gegrunz und Eifer! man kann es sich denken — jenen peinlichen und überflüssigen Gegensatz, den Richard Wagner unbestreitbar am Ende seines Lebens noch hat in Musik setzen und auf die Bühne stellen wollen. W o z u d o c h ? wie man billig fragen darf. Denn was giengen ihn, was gehen uns die Schweine an? —

3.

Dabei ist freilich jene andre Frage nicht zu umgehn, was ihn eigentlich jene männliche (ach, so unmännliche) »Einfalt vom Lande« angieng, jener arme Teufel und Naturbursch Parsifal, der von ihm mit so verfänglichen Mitteln schliesslich katholisch gemacht wird — wie? war dieser Parsifal überhaupt e r n s t gemeint? Man könnte nämlich versucht sein, das Umgekehrte zu muthmaassen, selbst zu wünschen, — dass der Wagner'sche Parsifal heiter gemeint sei, gleichsam als Schlussstück und Satyrdrama, mit dem der Tragiker Wagner auf eine gerade ihm gebührende und würdige Weise von uns, auch von sich, [342] vor Allem v o n d e r T r a g ö- d i e habe Abschied nehmen wollen, nämlich mit einem Excess höchster und muthwilligster Parodie auf das Tragi-

sche selbst, auf den ganzen schauerlichen Erden-Ernst und
Erden-Jammer von Ehedem, auf die endlich überwundene
gröbste Form in der Widernatur des asketischen Ideals.
So wäre es, wie gesagt, eines grossen Tragikers gerade wür-
dig gewesen: als welcher, wie jeder Künstler, erst dann auf
den letzten Gipfel seiner Grösse kommt, wenn er sich und
seine Kunst unter sich zu sehen weiss, – wenn er über sich
zu lachen weiss. Ist der »Parsifal« Wagner's sein heimli-
ches Überlegenheits-Lachen über sich selbst, der Triumph
seiner errungenen letzten höchsten Künstler-Freiheit,
Künstler-Jenseitigkeit? Man möchte es, wie gesagt, wünschen: denn was würde der ernstgemeinte Parsifal sein?
Hat man wirklich nöthig, in ihm (wie man sich gegen mich
ausgedrückt hat) »die Ausgeburt eines tollgewordenen Hasses auf Erkenntniss, Geist und Sinnlichkeit« zu sehn? Einen
Fluch auf Sinne und Geist in Einem Hass und Athem? Eine
Apostasie und Umkehr zu christlich-krankhaften und obs-
kurantistischen Idealen? Und zuletzt gar ein Sich-selbst-
Verneinen, Sich-selbst-Durchstreichen von Seiten eines
Künstlers, der bis dahin mit aller Macht seines Willens auf
das Umgekehrte, nämlich auf höchste Vergeistigung
und Versinnlichung seiner Kunst aus gewesen war?
Und nicht nur seiner Kunst: auch seines Lebens. Man
erinnere sich, wie begeistert seiner Zeit Wagner in den
Fusstapfen des Philosophen Feuerbach gegangen ist: Feuerbach's Wort von der »gesunden Sinnlichkeit« – das klang in
den dreissiger und vierziger Jahren Wagner'n gleich vielen
Deutschen (– sie nannten sich die »jungen Deutschen«)
wie das Wort der Erlösung. Hat er schliesslich darüber
umgelernt? Da es zum Mindesten scheint, dass er zuletzt
den Willen hatte, darüber umzulehren ... Und nicht
nur mit den Parsifal-Posaunen von der Bühne herab: – in der
trüben, ebenso unfreien als rathlosen Schriftstellerei
seiner letzten Jahre giebt es [343] hundert Stellen, in denen sich ein
heimlicher Wunsch und Wille, ein verzagter, unsicherer,
uneingeständlicher Wille verräth, ganz eigentlich Umkehr,

Bekehrung, Verneinung, Christenthum, Mittelalter zu predigen und seinen Jüngern zu sagen »es ist Nichts! Sucht das Heil wo anders!« Sogar das »Blut des Erlösers« wird einmal angerufen ...

4.

Dass ich in einem solchen Falle, der vieles Peinliche hat, meine Meinung sage – und es ist ein typischer Fall –: man thut gewiss am besten, einen Künstler in so weit von seinem Werke zu trennen, dass man ihn selbst nicht gleich ernst nimmt wie sein Werk. Er ist zuletzt nur die Vorausbedingung seines Werks, der Mutterschooss, der Boden, unter Umständen der Dünger und Mist, auf dem, aus dem es wächst, – und somit, in den meisten Fällen, Etwas, das man vergessen muss, wenn man sich des Werks selbst erfreuen will. Die Einsicht in die Herkunft eines Werks geht die Physiologen und Vivisektoren des Geistes an: nie und nimmermehr die ästhetischen Menschen, die Artisten! Dem Dichter und Ausgestalter des Parsifal blieb ein tiefes, gründliches, selbst schreckliches Hineinleben und Hinabsteigen in mittelalterliche Seelen-Contraste, ein feindseliges Abseits von aller Höhe, Strenge und Zucht des Geistes, eine Art intellektueller Perversität (wenn man mir das Wort nachsehen will) ebensowenig erspart als einem schwangeren Weibe die Widerlichkeiten und Wunderlichkeiten der Schwangerschaft: als welche man, wie gesagt, vergessen muss, um sich des Kindes zu erfreuen. Man soll sich vor der Verwechselung hüten, in welche ein Künstler nur zu leicht selbst geräth, aus psychologischer contiguity, mit den Engländern zu reden: wie als ob er selber das wäre, was er darstellen, ausdenken, ausdrücken kann. Thatsächlich steht es so, dass, wenn er eben das wäre, er es schlechterdings nicht darstellen, ausden[344]ken, ausdrücken würde; ein Homer hätte keinen Achill, ein Goethe keinen Faust gedichtet, wenn Homer ein Achill und wenn Goethe ein Faust gewesen wäre. Ein vollkommner und ganzer Künstler ist

in alle Ewigkeit von dem »Realen«, dem Wirklichen abgetrennt; andrerseits versteht man es, wie er an dieser ewigen
»Unrealität« und Falschheit seines innersten Daseins mitunter bis zur Verzweiflung müde werden kann, – und dass er
dann wohl den Versuch macht, einmal in das gerade ihm
Verbotenste, in's Wirkliche überzugreifen, wirklich zu
s e i n. Mit welchem Erfolge? Man wird es errathen . . . Es ist
das d i e t y p i s c h e V e l l e i t ä t des Künstlers: dieselbe
Velleität, welcher auch der altgewordene Wagner verfiel und
die er so theuer, so verhängnisvoll hat büssen müssen (– er
verlor durch sie den werthvollen Theil seiner Freunde).
Zuletzt aber, noch ganz abgesehn von dieser Velleität, wer
möchte nicht überhaupt wünschen, um Wagner's selber
willen, dass er a n d e r s von uns und seiner Kunst Abschied
genommen hätte, nicht mit einem Parsifal, sondern siegreicher, selbstgewisser, Wagnerischer, – weniger irreführend,
weniger zweideutig in Bezug auf sein ganzes Wollen, weniger Schopenhauerisch, weniger nihilistisch? . . .

5.

– Was bedeuten also asketische Ideale? Im Falle eines Künstlers, wir begreifen es nachgerade: g a r N i c h t s ! . . . Oder
so Vielerlei, dass es so gut ist wie gar Nichts! . . . Eliminiren
wir zunächst die Künstler: dieselben stehen lange nicht
unabhängig genug in der Welt und g e g e n die Welt, als dass
ihre Werthschätzungen und deren Wandel a n s i c h Theilnahme verdiente! Sie waren zu allen Zeiten Kammerdiener
einer Moral oder Philosophie oder Religion; ganz abgesehn
noch davon, dass sie leider oft genug die allzugeschmeidigen
Höflinge ihre Anhänger- und Gönnerschaft und spürnasige
Schmeichler vor alten [345] oder eben neu heraufkommen-
den Gewalten gewesen sind. Zum Mindesten brauchen sie
immer eine Schutzwehr, einen Rückhalt, eine bereits be-
gründete Autorität: die Künstler stehen nie für sich, das
Alleinstehn geht wider ihre tiefsten Instinkte. So nahm zum
Beispiel Richard Wagner den Philosophen Schopenhauer,

als »die Zeit gekommen war«, zu seinem Vordermann, zu seiner Schutzwehr: – wer möchte es auch nur für denkbar halten, dass er den Muth zu einem asketischen Ideal gehabt hätte, ohne den Rückhalt, den ihm die Philosophie Schopenhauer's bot, ohne die in den siebziger Jahren in Europa zum Übergewicht gelangende Autorität Schopenhauer's? (dabei noch nicht in Anschlag gebracht, ob im neuen Deutschland ein Künstler ohne die Milch frommer, reichsfrommer Denkungsart überhaupt möglich gewesen wäre). – Und damit sind wir bei der ernsthafteren Frage angelangt: was bedeutet es, wenn ein wirklicher Philosoph dem asketischen Ideale huldigt, ein wirklich auf sich gestellter Geist wie Schopenhauer, ein Mann und Ritter mit erzenem Blick, der den Muth zu sich selber hat, der allein zu stehn weiss und nicht erst auf Vordermänner und höhere Winke wartet? – Erwägen wir hier sofort die merkwürdige und für manche Art Mensch selbst fascinirende Stellung Schopenhauer's zur Kunst: denn sie ist es ersichtlich gewesen, um derentwillen zunächst Richard Wagner zu Schopenhauer übertrat (überredet dazu durch einen Dichter, wie man weiss, durch Herwegh), und dies bis zu dem Maasse, dass sich damit ein vollkommner theoretischer Widerspruch zwischen seinem früheren und seinem späteren ästhetischen Glauben aufriss, – ersterer zum Beispiel in »Oper und Drama« ausgedrückt, letzterer in den Schriften, die er von 1870 an herausgab. In Sonderheit änderte Wagner, was vielleicht am meisten befremdet, von da an rücksichtslos sein Urtheil über Werth und Stellung der Musik selbst: was lag ihm daran, dass er bisher aus ihr ein Mittel, ein Medium, ein »Weib« gemacht hatte, das schlechterdings eines Zweckes, eines Manns bedürfe um zu gedeihn – nämlich des [346] Drama's! Er begriff mit Einem Male, dass mit der Schopenhauer'schen Theorie und Neuerung mehr zu machen sei in majorem musicae gloriam, – nämlich mit der Souverainetät der Musik, so wie sie Schopenhauer begriff: die Musik abseits gestellt gegen alle übrigen Künste,

die unabhängige Kunst an sich, n i c h t, wie diese, Abbilder
der Phänomenalität bietend, vielmehr die Sprache d e s Willens selbst redend, unmittelbar aus dem »Abgrunde« heraus,
als dessen eigenste, ursprünglichste, unabgeleitetste Offen-
barung. Mit dieser ausserordentlichen Werthsteigerung der
Musik, wie sie aus der Schopenhauer'schen Philosophie zu
erwachsen schien, stieg mit Einem Male auch d e r M u s i -
k e r selbst unerhört im Preise: er wurde nunmehr ein Ora-
kel, ein Priester, ja mehr als ein Priester, eine Art Mundstück des »An-sich« der Dinge, ein Telephon des Jenseits, –
er redete fürderhin nicht nur Musik, dieser Bauchredner
Gottes, – er redete Metaphysik: was Wunder, dass er endlich eines Tags a s k e t i s c h e I d e a l e redete? . . .

6.

Schopenhauer hat sich die Kantische Fassung des ästhetischen Problems zu Nutze gemacht, – obwohl er es ganz
gewiss nicht mit Kantischen Augen angeschaut hat. Kant
gedachte der Kunst eine Ehre zu erweisen, als er unter den
Prädikaten des Schönen diejenigen bevorzugte und in den
Vordergrund stellte, welche die Ehre der Erkenntniss ausmachen: Unpersönlichkeit und Allgemeingültigkeit. Ob
dies nicht in der Hauptsache ein Fehlgriff war, ist hier nicht
am Orte zu verhandeln; was ich allein unterstreichen will,
ist, dass Kant, gleich allen Philosophen, statt von den Erfahrungen des Künstlers (des Schaffenden) aus das ästhetische
Problem zu visiren, allein vom »Zuschauer« aus über die
Kunst und das Schöne nachgedacht und dabei unvermerkt
den »Zuschauer« selber in den Begriff »schön« hinein bekommen hat. Wäre aber wenigstens nur dieser »Zu-
[347]schauer« den Philosophen des Schönen ausreichend bekannt gewesen! – nämlich als eine grosse p e r s ö n l i c h e
Thatsache und Erfahrung, als eine Fülle eigenster starker
Erlebnisse, Begierden, Überraschungen, Entzückungen auf
dem Gebiete des Schönen! Aber das Gegentheil war, wie ich
fürchte, immer der Fall: und so bekommen wir denn von

ihnen gleich von Anfang an Definitionen, in denen, wie in
jener berühmten Definition, die Kant vom Schönen giebt,
der Mangel an feinerer Selbst-Erfahrung in Gestalt eines
dicken Wurms von Grundirrthum sitzt. »Schön ist, hat Kant
gesagt, was ohne Interesse gefällt.« Ohne Interesse!
Man vergleiche mit dieser Definition jene andre, die ein
wirklicher »Zuschauer« und Artist gemacht hat – Stendhal,
der das Schöne einmal *une promesse de bonheur* nennt. Hier
ist jedenfalls gerade Das abgelehnt und ausgestrichen,
was Kant allein am ästhetischen Zustande hervorhebt: *le
désinteressement*. Wer hat Recht, Kant oder Stendhal? –
Wenn freilich unsre Aesthetiker nicht müde werden, zu
Gunsten Kant's in die Wagschale zu werfen, dass man unter
dem Zauber der Schönheit sogar gewandlose weibliche
Statuen »ohne Interesse« anschauen könne, so darf man
wohl ein wenig auf ihre Unkosten lachen: – die Erfahrungen
der Künstler sind in Bezug auf diesen heiklen Punkt
»interessanter«, und Pygmalion war jedenfalls nicht nothwendig ein »unästhetischer Mensch«. Denken wir um so
besser von der Unschuld unsrer Aesthetiker, welche sich in
solchen Argumenten spiegelt, rechnen wir es zum Beispiel
Kanten zu Ehren an, was er über das Eigenthümliche des
Tastsinns mit landpfarrermässiger Naivetät zu lehren weiss!
– Und hier kommen wir auf Schopenhauer zurück, der in
ganz andrem Maasse als Kant den Künsten nahestand und
doch nicht aus dem Bann der Kantischen Definition heraus-
gekommen ist: wie kam das? Der Umstand ist wunderlich
genug: das Wort »ohne Interesse« interpretirte er sich in der
allerpersönlichsten Weise, aus einer Erfahrung heraus, die
bei ihm zu den regelmässigsten gehört haben muss. Über
wenig Dinge [348] redet Schopenhauer so sicher wie über die
Wirkung der ästhetischen Contemplation: er sagt ihr nach,
dass sie gerade der geschlechtlichen »Interessirtheit«
entgegenwirke, ähnlich also wie Lupulin und Kampher, er
ist nie müde geworden, dieses Loskommen vom »Willen«
als den grossen Vorzug und Nutzen des ästhetischen Zu-

standes zu verherrlichen. Ja man möchte versucht sein zu
fragen, ob nicht seine Grundconception von »Willen und
Vorstellung«, der Gedanke, dass es eine Erlösung vom
»Willen« einzig durch die »Vorstellung« geben könne, aus
einer Verallgemeinerung jener Sexual-Erfahrung ihren Ursprung genommen habe. (Bei allen Fragen in Betreff der
Schopenhauer'schen Philosophie ist, anbei bemerkt, niemals
ausser Acht zu lassen, dass sie die Conception eines sechs-
undzwanzigjährigen Jünglings ist; so dass sie nicht nur an
dem Spezifischen Schopenhauer's, sondern auch an dem
Spezifischen jener Jahreszeit des Lebens Antheil hat.) Hören
wir zum Beispiel eine der ausdrücklichsten Stellen unter den
zahllosen, die er zu Ehren des ästhetischen Zustandes geschrieben hat (Welt als Wille und Vorstellung I 231), hören
wir den Ton heraus, das Leiden, das Glück, die Dankbarkeit, mit der solche Worte gesprochen worden sind. »Das ist
der schmerzenslose Zustand, den Epikuros als das höchste
Gut und als den Zustand der Götter pries; wir sind, für
jenen Augenblick, des schnöden Willensdranges entledigt,
wir feiern den Sabbat der Zuchthausarbeit des Wollens, das
Rad des Ixion steht still« ... Welche Vehemenz der Worte! Welche Bilder der Qual und des langen Überdrusses!
Welche fast pathologische Zeit-Gegenüberstellung »jenes
Augenblicks« und des sonstigen »Rads des Ixions«, der
»Zuchthausarbeit des Wollens«, des »schnöden Willens-
drangs«! – Aber gesetzt, dass Schopenhauer hundert Mal für
seine Person Recht hätte, was wäre damit für die Einsicht
in's Wesen des Schönen gethan? Schopenhauer hat Eine
Wirkung des Schönen beschrieben, die willen-calmirende, –
ist sie auch nur eine regelmässige? Stendhal, wie gesagt,
eine nicht weniger sinnliche, aber glücklicher [349] gerathene
Natur als Schopenhauer, hebt eine andre Wirkung des
Schönen hervor: »das Schöne verspricht Glück«, ihm
scheint gerade die Erregung des Willens (»des Inter-
esses«) durch das Schöne der Thatbestand. Und könnte man
nicht zuletzt Schopenhauern selber einwenden, dass er

sehr mit Unrecht sich hierin Kantianer dünke, dass er ganz
und gar nicht die Kantische Definition des Schönen Kantisch
verstanden habe, – dass auch ihm das Schöne aus einem
»Interesse« gefalle, sogar aus dem allerstärksten, allerpersönlichsten Interesse: dem des Torturirten, der von seiner
Tortur loskommt? ... Und, um auf unsre erste Frage
zurückzukommen, »was bedeutet es, wenn ein Philosoph dem asketischen Ideale huldigt?«, so bekommen wir
hier wenigstens einen ersten Wink: er will von einer
Tortur loskommen. –

7.

Hüten wir uns, bei dem Wort »Tortur« gleich düstere
Gesichter zu machen: es bleibt gerade in diesem Falle genug
dagegen zu rechnen, genug abzuziehn, – es bleibt selbst
etwas zu lachen. Unterschätzen wir es namentlich nicht,
dass Schopenhauer, der die Geschlechtlichkeit in der That
als persönlichen Feind behandelt hat (einbegriffen deren
Werkzeug, das Weib, dieses »instrumentum diaboli«),
Feinde nöthig hatte, um guter Dinge zu bleiben; dass er
die grimmigen galligen schwarzgrünen Worte liebte; dass er
zürnte, um zu zürnen, aus Passion; dass er krank geworden
wäre, Pessimist geworden wäre (– denn er war es nicht,
so sehr er es auch wünschte) ohne seine Feinde, ohne Hegel,
das Weib, die Sinnlichkeit und den ganzen Willen zum
Dasein, Dableiben. Schopenhauer wäre sonst nicht dage-
blieben, darauf darf man wetten, er wäre davongelaufen:
seine Feinde aber hielten ihn fest, seine Feinde verführten
ihn immer wieder zum Dasein, sein Zorn war, ganz wie bei
den antiken Cynikern, sein Labsal, seine Erholung, sein
Ent[350]gelt, sein remedium gegen den Ekel, sein Glück.
So viel in Hinsicht auf das Persönlichste am Fall Schopenhauer's; andrerseits ist an ihm noch etwas Typisches, – und
hier erst kommen wir wieder auf unser Problem. Es besteht
unbestreitbar, so lange es Philosophen auf Erden giebt und
überall, wo es Philosophen gegeben hat (von Indien bis

England, um die entgegengesetzten Pole der Begabung für Philosophie zu nehmen) eine eigentliche Philosophen-Gereiztheit und -Rancune gegen die Sinnlichkeit – Schopenhauer ist nur deren beredtester und, wenn man das Ohr dafür hat, auch hinreissendster und entzückendster Ausbruch –; es besteht insgleichen eine eigentliche Philosophen-Voreingenommenheit und -Herzlichkeit in Bezug auf das ganze asketische Ideal, darüber und dagegen soll man sich nichts vormachen. Beides gehört, wie gesagt, zum Typus; fehlt Beides an einem Philosophen, so ist er – dessen sei man sicher – immer nur ein »sogenannter«. Was b e d e u t e t das? Denn man muss diesen Thatbestand erst interpretiren: a n s i c h steht er da dumm in alle Ewigkeit, wie jedes »Ding an sich«. Jedes Thier, somit auch la bête philosophe, strebt instinktiv nach einem Optimum von günstigen Bedingungen, unter denen es seine Kraft ganz herauslassen kann und sein Maximum im Machtgefühl erreicht; jedes Thier perhorreszirt ebenso instinktiv und mit einer Feinheit der Witterung, die »höher ist als alle Vernunft«, alle Art Störenfriede und Hindernisse, die sich ihm über diesen Weg zum Optimum legen oder legen könnten (– es ist n i c h t sein Weg zum »Glück«, von dem ich rede, sondern sein Weg zur Macht, zur That, zum mächtigsten Thun, und in den meisten Fällen thatsächlich sein Weg zum Unglück). Dergestalt perhorreszirt der Philosoph die E h e sammt dem, was zu ihr überreden möchte, – die Ehe als Hinderniss und Verhängniss auf seinem Wege zum Optimum. Welcher grosse Philosoph war bisher verheirathet? Heraklit, Plato, Descartes, Spinoza, Leibniz, Kant, Schopenhauer – sie waren es nicht; mehr noch, man kann sie sich nicht einmal d e n k e n als verheirathet. Ein verhei[351]ratheter Philosoph gehört i n d i e K o m ö d i e, das ist mein Satz: und jene Ausnahme Sokrates, der boshafte Sokrates hat sich, scheint es, ironice verheirathet, eigens um gerade d i e s e n Satz zu demonstriren. Jeder Philosoph würde sprechen, wie einst Buddha sprach, als ihm die Geburt eines Sohnes gemeldet wurde:

»Râhula ist mir geboren, eine Fessel ist mir geschmiedet«
(Râhula bedeutet hier »ein kleiner Dämon«); jedem »freien
Geiste« müsste eine nachdenkliche Stunde kommen, gesetzt,
dass er vorher eine gedankenlose gehabt hat, wie sie einst
demselben Buddha kam – »eng bedrängt, dachte er bei sich,
ist das Leben im Hause, eine Stätte der Unreinheit; Freiheit
ist im Verlassen des Hauses«: »dieweil er also dachte, ver-
liess er das Haus«. Es sind im asketischen Ideale so viele
Brücken zur Unabhängigkeit angezeigt, dass ein Philosoph nicht ohne ein innerliches Frohlocken und Hände-
klatschen die Geschichte aller jener Entschlossnen zu hören
vermag, welche eines Tages Nein sagten zu aller Unfreiheit
und in irgend eine Wüste giengen: gesetzt selbst, dass es
bloss starke Esel waren und ganz und gar das Gegenstück
eines starken Geistes. Was bedeutet demnach das asketische
Ideal bei einem Philosophen? Meine Antwort ist – man wird
es längst errathen haben: der Philosoph lächelt bei seinem
Anblick einem Optimum der Bedingungen höchster und
kühnster Geistigkeit zu, – er verneint nicht damit »das
Dasein«, er bejaht darin vielmehr sein Dasein und nur
sein Dasein, und dies vielleicht bis zu dem Grade, dass ihm
der frevelhafte Wunsch nicht fern bleibt: pereat mundus, fiat
philosophia, fiat philosophus, fiam! . . .

8.

Man sieht, das sind keine unbestochnen Zeugen und Richter
über den Werth des asketischen Ideals, diese Philosophen!
Sie denken an sich, – was geht sie »der Heilige« an! Sie
denken an Das dabei, was ihnen gerade das Unentbehr-
lichste [352] ist: Freiheit von Zwang, Störung, Lärm, von
Geschäften, Pflichten, Sorgen: Helligkeit im Kopf; Tanz,
Sprung und Flug der Gedanken; eine gute Luft, dünn, klar,
frei, trocken, wie die Luft auf Höhen ist, bei der alles
animalische Sein geistiger wird und Flügel bekommt; Ruhe
in allen Souterrains; alle Hunde hübsch an die Kette gelegt;
kein Gebell von Feindschaft und zottliger Rancune; keine

Nagewürmer verletzten Ehrgeizes; bescheidene und unterthänige Eingeweide, fleissig wie Mühlwerke, aber fern; das Herz fremd, jenseits, zukünftig, posthum, – sie denken, Alles in Allem, bei dem asketischen Ideal an den heiteren Ascetismus eines vergöttlichten und flügge gewordnen Thiers, das über dem Leben mehr schweift als ruht. Man weiss, was die drei grossen Prunkworte des asketischen Ideals sind: Armuth, Demuth, Keuschheit: und nun sehe man sich einmal das Leben aller grossen fruchtbaren erfinderischen Geister aus der Nähe an, – man wird darin alle drei bis zu einem gewissen Grade immer wiederfinden. Durchaus n i c h t, wie sich von selbst versteht, als ob es etwa deren »Tugenden« wären – was hat diese Art Mensch mit Tugenden zu schaffen! – sondern als die eigentlichsten und natürlichsten Bedingungen ihres b e s t e n Daseins, ihrer s c h ö n s t e n Fruchtbarkeit. Dabei ist es ganz wohl möglich, dass ihre dominierende Geistigkeit vorerst einem unbändigen und reizbaren Stolze oder einer muthwilligen Sinnlichkeit Zügel anzulegen hatte oder dass sie ihren Willen zur »Wüste« vielleicht gegen einen Hang zum Luxus und zum Ausgesuchtesten, insgleichen gegen eine verschwenderische Liberalität mit Herz und Hand schwer genug aufrecht erhielt. Aber sie that es, eben als der d o m i n i r e n d e Instinkt, der seine Forderungen bei allen andern Instinkten durchsetzte – sie thut es noch; thäte sie's nicht, so dominirte sie eben nicht. Daran ist also nichts von »Tugend«. Die W ü s t e übrigens, von welcher ich eben sprach, in die sich die starken, unabhängig gearteten Geister zurückziehn und vereinsamen – oh wie anders sieht sie aus, als die Gebildeten sich eine Wüste träumen! – unter Um[353]ständen sind sie es nämlich selbst, diese Gebildeten. Und gewiss ist es, dass alle Schauspieler des Geistes es schlechterdings nicht in ihr aushielten, – für sie ist sie lange nicht romantisch und syrisch genug, lange nicht Theater-Wüste genug! Es fehlt allerdings auch in ihr nicht an Kameelen: darauf aber beschränkt sich die ganze Ähnlichkeit. Eine willkürliche Obskurität viel-

leicht; ein Aus-dem-Wege-Gehn vor sich selber; eine Scheu
vor Lärm, Verehrung, Zeitung, Einfluss; ein kleines Amt,
ein Alltag, Etwas, das mehr verbirgt als an's Licht stellt; ein
Umgang gelegentlich mit harmlosem heitren Gethier und
Geflügel, dessen Anblick erholt; ein Gebirge zur Gesell-
schaft, aber kein todtes, eins mit A u g e n (das heisst mit
Seen); unter Umständen selbst ein Zimmer in einem vollen
Allerwelts-Gasthof, wo man sicher ist, verwechselt zu wer-
den, und ungestraft mit Jedermann reden kann, – das ist hier
»Wüste«: oh sie ist einsam genug, glaubt es mir! Wenn
Heraklit sich in die Freihöfe und Säulengänge des ungeheu-
ren Artemis-Tempels zurückzog, so war diese »Wüste«
würdiger, ich gebe es zu: weshalb f e h l e n uns solche
Tempel? (– sie fehlen uns vielleicht n i c h t : eben gedenke
ich meines schönsten Studirzimmers, der Piazza di San
Marco, Frühling vorausgesetzt, insgleichen Vormittag, die
Zeit zwischen 10 und 12.) Das aber, dem Heraklit auswich,
ist das Gleiche noch, dem w i r jetzt aus dem Wege gehn:
der Lärm und das Demokraten-Geschwätz der Ephesier,
ihre Politik, ihre Neuigkeiten vom »Reich« (Persien, man
versteht mich), ihr Markt-Kram von »Heute«, – denn wir
Philosophen brauchen zu allererst vor Einem Ruhe: vor
allem »Heute«. Wir verehren das Stille, das Kalte, das Vornehme, das Ferne, das Vergangne, Jegliches überhaupt, bei
dessen Aspekt die Seele sich nicht zu vertheidigen und zu-
zuschnüren hat, – Etwas, mit dem man reden kann, ohne
l a u t zu reden. Man höre doch nur auf den Klang, den ein
Geist hat, wenn er redet: jeder Geist hat seinen Klang, liebt
seinen Klang. Das dort zum Beispiel muss wohl ein Agitator
sein, will sagen ein Hohlkopf, Hohltopf: was auch nur in
ihn hinein[354]geht, jeglich Ding kommt dumpf und dick aus
ihm zurück, beschwert mit dem Echo der grossen Leere.
Jener dort spricht selten anders als heiser: hat er sich vielleicht heiser g e d a c h t ? Das wäre möglich – man frage die
Physiologen –, aber wer in W o r t e n denkt, denkt als Red-
ner und nicht als Denker (es verräth, dass er im Grunde

nicht Sachen, nicht sachlich denkt, sondern nur in Hinsicht auf Sachen, dass er eigentlich s i c h und seine Zuhörer denkt). Dieser Dritte da redet aufdringlich, er tritt zu nahe uns an den Leib, sein Athem haucht uns an, – unwillkürlich schliessen wir den Mund, obwohl es ein Buch ist, durch das er zu uns spricht: der Klang seines Stils sagt den Grund davon, – dass er keine Zeit hat, dass er schlecht an sich selber glaubt, dass er heute oder niemals mehr zu Worte kommt. Ein Geist aber, der seiner selbst gewiss ist, redet leise; er sucht die Verborgenheit, er lässt auf sich warten. Man erkennt einen Philosophen daran, dass er drei glänzenden und lauten Dingen aus dem Weg geht, dem Ruhme, den Fürsten und den Frauen: womit nicht gesagt ist, dass sie nicht zu ihm kämen. Er scheut allzuhelles Licht: deshalb scheut er seine Zeit und deren »Tag«. Darin ist er wie ein Schatten: je mehr ihm die Sonne sinkt, um so grösser wird er. Was seine »Demuth« angeht, so verträgt er, wie er das Dunkel verträgt, auch eine gewisse Abhängigkeit und Verdunkelung: mehr noch, er fürchtet sich vor der Störung durch Blitze, er schreckt vor der Ungeschütztheit eines allzu isolirten und preisgegebenen Baums zurück, an dem jedes schlechte Wetter seine Laune, jede Laune ihr schlechtes Wetter auslässt. Sein »mütterlicher« Instinkt, die geheime Liebe zu dem, was in ihm wächst, weist ihn auf Lagen hin, wo man es ihm abnimmt, a n s i c h zu denken; in gleichem Sinne, wie der Instinkt der M u t t e r im Weibe die abhängige Lage des Weibes überhaupt bisher festgehalten hat. Sie verlangen zuletzt wenig genug, diese Philosophen, ihr Wahlspruch ist »wer besitzt, wird besessen« –: n i c h t, wie ich wieder und wieder sagen muss, aus einer Tugend, aus einem verdienstlichen Willen zur Genügsamkeit und [355] Einfalt, sondern weil es ihr oberster Herr s o von ihnen verlangt, klug und unerbittlich verlangt: als welcher nur für Eins Sinn hat und Alles, Zeit, Kraft, Liebe, Interesse nur dafür sammelt, nur dafür aufspart. Diese Art Mensch liebt es nicht, durch Feindschaften gestört zu werden, auch durch

Freundschaften nicht: sie vergisst oder verachtet leicht. Es
dünkt ihr ein schlechter Geschmack, den Märtyrer zu
machen; »für die Wahrheit zu l e i d e n« – das überlässt sie
den Ehrgeizigen und Bühnenhelden des Geistes und wer
sonst Zeit genug dazu hat (– sie selbst, die Philosophen,
haben Etwas für die Wahrheit zu t h u n). Sie machen einen
sparsamen Verbrauch von grossen Worten; man sagt, dass
ihnen selbst das Wort »Wahrheit« widerstehe: es klinge
grossthuerisch ... Was endlich die »Keuschheit« der Philosophen anbelangt, so hat diese Art Geist ihre Fruchtbarkeit ersichtlich wo anders als in Kindern; vielleicht
wo anders auch das Fortleben ihres Namens, ihre kleine
Unsterblichkeit (noch unbescheidener drückte man sich im
alten Indien unter Philosophen aus »wozu Nachkommen-
schaft Dem, dessen Seele die Welt ist?«). Darin ist Nichts
von Keuschheit aus irgend einem asketischen Skrupel und
Sinnenhass, so wenig es Keuschheit ist, wenn ein Athlet
oder Jockey sich der Weiber enthält: so will es vielmehr,
zum Mindesten für die Zeiten der grossen Schwangerschaft,
ihr dominirender Instinkt. Jeder Artist weiss, wie schädlich
in Zuständen grosser geistiger Spannung und Vorbereitung
der Beischlaf wirkt; für die mächtigsten und instinktsicher-
sten unter ihnen gehört dazu nicht erst die Erfahrung, die
schlimme Erfahrung, – sondern eben ihr »mütterlicher«
Instinkt ist es, der hier zum Vortheil des werdenden Wer-
kes rücksichtslos über alle sonstigen Vorräthe und Zuschüs-
se von Kraft, von vigor des animalen Lebens verfügt: die
grössere Kraft v e r b r a u c h t dann die kleinere. – Man lege
sich übrigens den oben besprochenen Fall Schopenhauer's
nach dieser Interpretation zurecht: der Anblick des Schönen wirkte offenbar bei ihm als auslösender Reiz auf die
H a u p t k r a f t seiner Natur [356] (die Kraft der Besinnung
und des vertieften Blicks); so dass diese dann explodirte und
mit einem Male Herr des Bewusstseins wurde. Damit soll
durchaus die Möglichkeit nicht ausgeschlossen sein, dass
jene eigenthümliche Süssigkeit und Fülle, die dem ästheti-

schen Zustande eigen ist, gerade von der Ingredienz »Sinnlichkeit« ihre Herkunft nehmen könnte, (wie aus der selben
Quelle jener »Idealismus« stammt, der mannbaren Mädchen
eignet) – dass somit die Sinnlichkeit beim Eintritt des ästhetischen Zustandes nicht aufgehoben ist, wie Schopenhauer
glaubte, sondern sich nur transfigurirt und nicht als Ge-
schlechtsreiz mehr in's Bewusstsein tritt. (Auf diesen Gesichtspunkt werde ich ein andres Mal zurückkommen, im
Zusammenhang mit noch delikateren Problemen der bisher
so unberührten, so unaufgeschlossenen Physiologie
der Ästhetik.)

9.

Ein gewisser Ascetismus, wir sahen es, eine harte und
heitere Entsagsamkeit besten Willens gehört zu den günstigen Bedingungen höchster Geistigkeit, insgleichen auch zu
deren natürlichsten Folgen: so wird es von vornherein nicht
Wunder nehmen, wenn das asketische Ideal gerade von den
Philosophen nie ohne einige Voreingenommenheit behandelt worden ist. Bei einer ernsthaften historischen Nach-
rechnung erweist sich sogar das Band zwischen asketischem
Ideal und Philosophie als noch viel enger und strenger. Man
könnte sagen, dass erst am Gängelbande dieses Ideals
die Philosophie überhaupt gelernt habe, ihre ersten Schritte
und Schrittchen auf Erden zu machen – ach, noch so unge-
schickt, ach, mit noch so verdrossnen Mienen, ach, so
bereit, umzufallen und auf dem Bauch zu liegen, dieser
kleine schüchterne Tapps und Zärtling mit krummen Bei-
nen! Es ist der Philosophie anfangs ergangen wie allen guten
Dingen, – sie hatten lange keinen Muth zu sich selber, sie
sahen sich immer um, ob ihnen Niemand zu Hülfe kommen
wolle, [357] mehr noch, sie fürchteten sich vor Allen, die
ihnen zusahn. Man rechne sich die einzelnen Triebe und
Tugenden des Philosophen der Reihe nach vor – seinen
anzweifelnden Trieb, seinen verneinenden Trieb, seinen
abwartenden (»ephektischen«) Trieb, seinen analytischen

Trieb, seinen forschenden, suchenden, wagenden Trieb,
seinen vergleichenden, ausgleichenden Trieb, seinen Willen
zu Neutralität und Objektivität, seinen Willen zu jedem
»s i n e ira et studio« –: hat man wohl schon begriffen, dass
sie allesammt die längste Zeit den ersten Forderungen der
Moral und des Gewissens entgegen giengen? (gar nicht zu
reden von der V e r n u n f t überhaupt, welche noch Luther
Fraw Klüglin die kluge Hur zu nennen liebte). Dass ein
Philosoph, falls er sich zum Bewusstsein gekommen w ä r e,
sich geradezu als das leibhafte »nitimur in v e t i t u m« hätte
fühlen müssen – und sich folglich h ü t e t e, sich zu fühlen«,
sich zum Bewusstsein zu kommen? . . . Es steht, wie gesagt,
nicht anders mit allen guten Dingen, auf die wir heute stolz
sind; selbst noch mit dem Maasse der alten Griechen gemessen, nimmt sich unser ganzes modernes Sein, soweit es nicht
Schwäche, sondern Macht und Machtbewusstsein ist, wie
lauter Hybris und Gottlosigkeit aus: denn gerade die umgekehrten Dinge, als die sind, welche wir heute verehren,
haben die längste Zeit das Gewissen auf ihrer Seite und Gott
zu ihrem Wächter gehabt. Hybris ist heute unsre ganze
Stellung zur Natur, unsre Natur-Vergewaltigung mit Hülfe
der Maschinen und der so unbedenklichen Techniker- und
Ingenieur-Erfindsamkeit; Hybris ist unsre Stellung zu Gott,
will sagen zu irgend einer angeblichen Zweck- und Sittlich-
keits-Spinne hinter dem grossen Fangnetz-Gewebe der
Ursächlichkeit – wir dürften wie Karl der Kühne im Kampfe
mit Ludwig dem Elften sagen »je combats l'universelle
araignée« –; Hybris ist unsre Stellung zu u n s, – denn wir
experimentiren mit uns, wie wir es uns mit keinem Thiere
erlauben würden, und schlitzen uns vergnügt und neugierig
die Seele bei lebendigem Leibe auf: was liegt uns noch am
»Heil« der Seele! Hinterdrein [358] heilen wir uns selber:
Kranksein ist lehrreich, wir zweifeln nicht daran, lehrreicher
noch als Gesundsein, – die K r a n k m a c h e r scheinen uns
heute nöthiger selbst als irgend welche Medizinmänner und
»Heilande«. Wir vergewaltigen uns jetzt selbst, es ist kein

Zweifel, wir Nussknacker der Seele, wir Fragenden und Fragwürdigen, wie als ob Leben nichts Anderes sei, als Nüsseknacken; ebendamit müssen wir nothwendig täglich immer noch fragwürdiger, w ü r d i g e r zu fragen werden, ebendamit vielleicht auch würdiger – zu leben? ... Alle guten Dinge waren ehemals schlimme Dinge; aus jeder Erbsünde ist eine Erbtugend geworden. Die Ehe zum Beispiel schien lange eine Versündigung am Rechte der Gemeinde; man hat einst Busse dafür gezahlt, so unbescheiden zu sein und sich ein Weib für sich anzumaassen (dahin gehört zum Beispiel das jus primae noctis, heute noch in Cambodja das Vorrecht der Priester, dieser Bewahrer »alter guter Sitten«). Die sanften, wohlwollenden, nachgiebigen, mitleidigen Gefühle – nachgerade so hoch im Werthe, dass sie fast »die Werthe an sich« sind – hatten die längste Zeit gerade die Selbstverachtung gegen sich: man schämte sich der Milde, wie man sich heute der Härte schämt (vergl. »Jenseits von Gut und Böse« S. 232). Die Unterwerfung unter das R e c h t : – oh mit was für Gewissens-Widerstande haben die vornehmen Geschlechter überall auf Erden ihrerseits Verzicht auf Vendetta geleistet und dem Recht über sich Gewalt eingeräumt! Das »Recht« war lange ein vetitum, ein Frevel, eine Neuerung, es trat mit Gewalt auf, a l s Gewalt, der man sich nur mit Scham vor sich selber fügte. Jeder kleinste Schritt auf der Erde ist ehedem mit geistigen und körperlichen Martern erstritten worden: dieser ganze Gesichtspunkt, »dass nicht nur das Vorwärtsschreiten, nein! das Schreiten, die Bewegung, die Veränderung ihre unzähligen Märtyrer nöthig gehabt hat«, klingt gerade heute uns so fremd, – ich habe ihn in der »Morgenröthe« S. 17 ff. an's Licht gestellt. »Nichts ist theurer erkauft, heisst es daselbst S. 19, als das Wenige von menschlicher Vernunft und [359] vom Gefühle der Freiheit, was jetzt unsern Stolz ausmacht. Dieser Stolz aber ist es, dessentwegen es uns jetzt fast unmöglich wird, mit jenen ungeheuren Zeitstrecken der »Sittlichkeit der Sitte« zu empfinden, welche

der »Weltgeschichte« vorausliegen, als die wirkliche und
entscheidende Hauptgeschichte, welche den Charakter der
Menschheit festgestellt hat: wo das Leiden als Tugend, die
Grausamkeit als Tugend, die Verstellung als Tugend, die
Rache als Tugend, die Verleugnung der Vernunft als
Tugend, dagegen das Wohlbefinden als Gefahr, die Wissbe-
gierde als Gefahr, der Friede als Gefahr, das Mitleiden als
Gefahr, das Bemitleidetwerden als Schimpf, die Arbeit als
Schimpf, der Wahnsinn als Göttlichkeit, die V e r ä n d e -
r u n g als das Unsittliche und Verderbenschwangere an sich
überall in Geltung war!« –

10.

In demselben Buche S. 39 ist auseinandergesetzt, in welcher
Schätzung, unter welchem D r u c k von Schätzung das älteste Geschlecht contemplativer Menschen zu leben hatte, –
genau so weit verachtet als es nicht gefürchtet wurde! Die
Contemplation ist in vermummter Gestalt, in einem zwei-
deutigen Ansehn, mit einem bösen Herzen und oft mit
einem geängstigten Kopfe zuerst auf der Erde erschienen:
daran ist kein Zweifel. Das Inaktive, Brütende, Unkriegeri-
sche in den Instinkten contemplativer Menschen legte lange
ein tiefes Misstrauen um sie herum: dagegen gab es kein
anderes Mittel als entschieden F u r c h t vor sich erwecken.
Und darauf haben sich zum Beispiel die alten Brahmanen
verstanden! Die ältesten Philosophen wussten ihrem Dasein
und Erscheinen einen Sinn, einen Halt und Hintergrund zu
geben, auf den hin man sie f ü r c h t e n lernte: genauer
erwogen, aus einem noch fundamentaleren Bedürfnisse heraus, nämlich um vor sich selbst Furcht und Ehrfurcht zu
gewinnen. Denn sie fanden in sich alle Werthurtheile
g e g e n sich gekehrt, sie hatten gegen »den Philosophen in
sich« [360] jede Art Verdacht und Widerstand niederzu-
kämpfen. Dies thaten sie, als Menschen furchtbarer Zeitalter, mit furchtbaren Mitteln: die Grausamkeit gegen sich,
die erfinderische Selbstkasteiung – das war das Hauptmittel

dieser machtdurstigen Einsiedler und Gedanken-Neuerer, welche es nöthig hatten, in sich selbst erst die Götter und das Herkömmliche zu vergewaltigen, um selbst an ihre Neuerung g l a u b e n zu können. Ich erinnere an die berühmte Geschichte des Königs Viçvamitra, der aus tausendjährigen Selbstmarterungen ein solches Machtgefühl und Zutrauen zu sich gewann, dass er es unternahm, einen n e u e n H i m - m e l zu bauen: das unheimliche Symbol der ältesten und jüngsten Philosophen-Geschichte auf Erden, – Jeder, der irgendwann einmal einen »neuen Himmel« gebaut hat, fand die Macht dazu erst in der e i g n e n H ö l l e ... Drücken wir den ganzen Thatbestand in kurze Formeln zusammen: der philosophische Geist hat sich zunächst immer in die f r ü h e r f e s t g e s t e l l t e n Typen des contemplativen Menschen verkleiden und verpuppen müssen, als Priester, Zauberer, Wahrsager, überhaupt als religiöser Mensch, um in irgend einem Maasse auch nur m ö g l i c h z u s e i n: das a s k e t i s c h e I d e a l hat lange Zeit dem Philosophen als Erscheinungsform, als Existenz-Voraussetzung gedient, – er musste es d a r s t e l l e n, um Philosoph sein zu können, er musste an dasselbe g l a u b e n, um es darstellen zu können. Die eigenthümlich weltverneinende, lebensfeindliche, sinnenungläubige, entsinnlichte Abseits-Haltung der Philosophen, welche bis auf die neueste Zeit festgehalten worden ist und damit beinahe als P h i l o s o p h e n - A t t i t ü d e a n s i c h Geltung gewonnen hat, – sie ist vor Allem eine Folge des Nothstandes von Bedingungen, unter denen Philosophie überhaupt entstand und bestand: insofern nämlich die längste Zeit Philosophie auf Erden g a r n i c h t m ö g - l i c h gewesen wäre ohne eine asketische Hülle und Einkleidung, ohne ein asketisches Selbst-Missverständniss. Anschaulich und augenscheinlich ausgedrückt: der a s k e t i - s c h e [361] P r i e s t e r hat bis auf die neueste Zeit die widrige und düstere Raupenform abgegeben, unter der allein die Philosophie leben durfte und herumschlich ... Hat sich das wirklich v e r ä n d e r t? Ist das bunte und gefährliche

Flügelthier, jener »Geist«, den diese Raupe in sich barg,
wirklich, Dank einer sonnigeren, wärmeren, aufgehellteren
Welt, zuletzt doch noch entkuttet und in's Licht hinausge-
lassen worden? Ist heute schon genug Stolz, Wagniss, Tap-
ferkeit, Selbstgewissheit, Wille des Geistes, Wille zur Verantwortlichkeit, Freiheit des Willens vorhanden,
dass wirklich nunmehr auf Erden »der Philosoph« – möglich ist?

11.

Jetzt erst, nachdem wir den asketischen Priester in
Sicht bekommen haben, rücken wir unsrem Probleme: was
bedeutet das asketische Ideal? ernsthaft auf den Leib, – jetzt
erst wird es »Ernst«: wir haben nunmehr den eigentlichen
Repräsentanten des Ernstes überhaupt und gegenüber. »Was bedeutet aller Ernst?« – diese noch grundsätz-
lichere Frage legt sich vielleicht hier schon auf unsre Lippen:
eine Frage für Physiologen, wie billig, an der wir aber
einstweilen noch vorüberschlüpfen. Der asketische Priester
hat in jedem Ideale nicht nur seinen Glauben, sondern auch
seinen Willen, seine Macht, sein Interesse. Sein Recht
zum Dasein steht und fällt mit jenem Ideale: was Wunder,
dass wir hier auf einen furchtbaren Gegner stossen, gesetzt
nämlich, dass wir die Gegner jenes Ideales wären? einen
solchen, der um seine Existenz gegen die Leugner jenes
Ideales kämpft? ... Andrerseits ist es von vornherein nicht
wahrscheinlich, dass eine dergestalt interessirte Stellung zu
unsrem Probleme diesem sonderlich zu Nutze kommen
wird; der asketische Priester wird schwerlich selbst nur den
glücklichsten Vertheidiger seines Ideals abgeben, aus dem
gleichen Grunde, aus dem es einem Weibe zu misslingen
pflegt, wenn [362] es »das Weib an sich« vertheidigen will, –
geschweige denn den objektivsten Beurtheiler und Richter
der hier aufgeregten Controverse. Eher also werden wir ihm
noch zu helfen haben – so viel liegt jetzt schon auf der Hand
– sich gut gegen uns zu vertheidigen als dass wir zu fürchten

hätten, zu gut von ihm widerlegt zu werden … Der Gedanke, um den hier gekämpft wird, ist die W e r t h u n g unsres Lebens seitens der asketischen Priester: dasselbe wird (sammt dem, wozu es gehört, »Natur«, »Welt«, die gesammte Sphäre des Werdens und der Vergänglichkeit) von ihnen in Beziehung gesetzt zu einem ganz andersartigen Dasein, zu dem es sich gegensätzlich und ausschliessend verhält, e s s e i d e n n , dass es sich etwa gegen sich selber wende, s i c h s e l b s t v e r n e i n e : in diesem Falle, dem Falle eines asketischen Lebens, gilt das Leben als eine Brücke für jenes andre Dasein. Der Asket behandelt das Leben wie einen Irrweg, den man endlich rückwärts gehn müsse, bis dorthin, wo er anfängt; oder wie einen Irrthum, den man durch die That widerlege – widerlegen s o l l e : denn er f o r d e r t , dass man mit ihm gehe, er erzwingt, wo er kann, s e i n e Werthung des Daseins. Was bedeutet das? Eine solche ungeheuerliche Werthungsweise steht nicht als Ausnahmefall und Curiosum in die Geschichte des Menschen eingeschrieben: sie ist eine der breitesten und längsten Thatsachen, die es giebt. Von einem fernen Gestirn aus gelesen, würde vielleicht die Majuskel-Schrift unsres Erden-Daseins zu dem Schluss verführen, die Erde sei der eigentlich a s k e t i s c h e Stern, ein Winkel missvergnügter, hochmüthiger und widriger Geschöpfe, die einen tiefen Verdruss an sich, an der Erde, an allem Leben gar nicht loswürden und sich selber so viel Wehe thäten als möglich, aus Vergnügen am Wehetun: – wahrscheinlich ihrem einzigen Vergnügen. Erwägen wir doch, wie regelmässig, wie allgemein, wie fast zu allen Zeiten der asketische Priester in die Erscheinung tritt; er gehört keiner einzelnen Rasse an; er gedeiht überall; er wächst aus allen Ständen heraus. Nicht dass er etwa seine Werthungs[363]weise durch Vererbung züchtete und weiterpflanzte: das Gegentheil ist der Fall, – ein tiefer Instinkt verbietet ihm vielmehr, in's Grosse gerechnet, die Fortpflanzung. Es muss eine Necessität ersten Rangs sein, welche diese l e b e n s f e i n d l i c h e Species immer wieder

wachsen und gedeihen macht, – es muss wohl ein Interesse des Lebens selbst sein, dass ein solcher Typus
des Selbstwiderspruchs nicht ausstirbt. Denn ein asketisches
Leben ist ein Selbstwiderspruch: hier herrscht ein Ressentiment sonder Gleichen, das eines ungesättigten Instinktes
und Machtwillens, der Herr werden möchte, nicht über
Etwas am Leben, sondern über das Leben selbst, über
dessen tiefste, stärkste, unterste Bedingungen; hier wird ein
Versuch gemacht, die Kraft zu gebrauchen, um die Quellen
der Kraft zu verstopfen; hier richtet sich der Blick grün und
hämisch gegen das physiologische Gedeihen selbst, in Sonderheit gegen dessen Ausdruck, die Schönheit, die Freude;
während am Missrathen, Verkümmern, am Schmerz, am
Unfall, am Hässlichen, an der willkürlichen Einbusse, an
der Entselbstung, Selbstgeisselung, Selbstopferung ein
Wohlgefallen empfunden und gesucht wird. Dies ist
Alles im höchsten Grade paradox: wir stehen hier vor einer
Zwiespältigkeit, die sich selbst zwiespältig will, welche
sich selbst in diesem Leiden geniesst und in dem Maasse
sogar immer selbstgewisser und triumphirender wird, als
ihre eigne Voraussetzung, die physiologische Lebensfähig-
keit, abnimmt. »Der Triumph gerade in der letzten Agonie«: unter diesem superlativischen Zeichen kämpfte von
jeher das asketische Ideal; in diesem Räthsel von Verführung, in diesem Bilde von Entzücken und Qual erkannte es
sein hellstes Licht, sein Heil, seinen endlichen Sieg. Crux,
nux, lux – das gehört bei ihm in Eins. –

12.

Gesetzt, dass ein solcher leibhafter Wille zur Contradiction
und Widernatur dazu gebracht wird, zu philosophiren:
[364] woran wird er seine innerlichste Willkür auslassen? An
dem, was am allersichersten als wahr, als real empfunden
wird: er wird den Irrthum gerade dort suchen, wo der
eigentliche Lebens-Instinkt die Wahrheit am unbedingtesten
ansetzt. Er wird zum Beispiel, wie es die Asketen der

Vedânta-Philosophie thaten, die Leiblichkeit zur Illusion herabsetzen, den Schmerz insgleichen, die Vielheit, den ganzen Begriffs-Gegensatz »Subjekt« und »Objekt« – Irrthümer, Nichts als Irrthümer! Seinem Ich den Glauben versagen, sich selber seine »Realität« verneinen – welcher Triumph! – schon nicht mehr bloss über die Sinne, über den Augenschein, eine viel höhere Art Triumph, eine Vergewaltigung und Grausamkeit an der V e r n u n f t : als welche Wollust damit auf den Gipfel kommt, dass die asketische Selbstverachtung, Selbstverhöhnung der Vernunft dekretirt: »es g i e b t ein Reich der Wahrheit und des Seins, aber gerade die Vernunft ist davon a u s g e s c h l o s s e n !« ... (Anbei gesagt: selbst noch in dem Kantischen Begriff »intelligibler Charakter der Dinge« ist Etwas von dieser lüsternen Asketen-Zwiespältigkeit rückständig, welche Vernunft gegen Vernunft zu kehren liebt: »intelligibler Charakter« bedeutet nämlich bei Kant eine Art Beschaffenheit der Dinge, von der der Intellekt gerade soviel begreift, dass sie für den Intellekt – g a n z u n d g a r u n b e g r e i f l i c h ist.) – Seien wir zuletzt, gerade als Erkennende, nicht undankbar gegen solche resolute Umkehrungen der gewohnten Perspektiven und Werthungen, mit denen der Geist allzulange scheinbar freventlich und nutzlos gegen sich selbst gewüthet hat: dergestalt einmal anders sehn, anders-sehn- w o l l e n ist keine kleine Zucht und Vorbereitung des Intellekts zu seiner einstmaligen »Objektivität«, – letztere nicht als »interesselose Anschauung« verstanden (als welche ein Unbegriff und Widersinn ist), sondern als das Vermögen, sein Für und Wider i n d e r G e w a l t z u h a b e n und aus- und einzuhängen: so dass man sich gerade die V e r s c h i e d e n h e i t der Perspektiven und der Affekt-Interpre[365]tationen für die Erkenntniss nutzbar zu machen weiss. Hüten wir uns nämlich, meine Herrn Philosophen, von nun an besser vor der gefährlichen alten Begriffs-Fabelei, welche ein »reines, willenloses, schmerzloses, zeitloses Subjekt der Erkenntniss« angesetzt hat, hüten wir uns vor den Fangarmen

solcher contradiktorischen Begriffe wie »reine Vernunft«,
»absolute Geistigkeit«, »Erkenntniss an sich«: – hier wird
immer ein Auge zu denken verlangt, das gar nicht gedacht
werden kann, ein Auge, das durchaus keine Richtung haben
soll, bei dem die aktiven und interpretirenden Kräfte unter-
bunden sein sollen, fehlen sollen, durch die doch Sehen erst
ein Etwas-Sehen wird, hier wird also immer ein Widersinn
und Unbegriff von Auge verlangt. Es giebt n u r ein perspektivisches Sehen, n u r ein perspektivisches »Erkennen«;
und j e m e h r Affekte wir über eine Sache zu Worte
kommen lassen, j e m e h r Augen, verschiedne Augen wir
uns für dieselbe Sache einzusetzen wissen, um so vollständi-
ger wird unser »Begriff« dieser Sache, unsre »Objektivität«
sein. Den Willen aber überhaupt eliminiren, die Affekte
sammt und sonders aushängen, gesetzt, dass wir dies
vermöchten: wie? hiesse das nicht den Intellekt c a s t r i -
r e n ? . . .

13.

Aber kehren wir zurück. Ein solcher Selbstwiderspruch, wie
er sich im Asketen darzustellen scheint, »Leben g e g e n
Leben« ist – so viel liegt zunächst auf der Hand – physiologisch und nicht mehr psychologisch nachgerechnet, einfach
Unsinn. Er kann nur s c h e i n b a r sein; er muss eine Art
vorläufigen Ausdrucks, eine Auslegung, Formel, Zurecht-
machung, ein psychologisches Missverständniss von Etwas
sein, dessen eigentliche Natur lange nicht verstanden, lange
nicht a n s i c h bezeichnet werden konnte, – ein blosses
Wort, eingeklemmt in eine alte L ü c k e der menschlichen
Erkenntniss. Und dass ich kurz [366] den Thatbestand dagegen stelle: d a s a s k e t i s c h e I d e a l e n t s p r i n g t d e m
S c h u t z - u n d H e i l - I n s t i n k t e e i n e s d e g e n e r i -
r e n d e n L e b e n s, welches sich mit allen Mitteln zu halten
sucht und um sein Dasein kämpft; es deutet auf eine partielle
physiologische Hemmung und Ermüdung hin, gegen welche
die tiefsten, intakt gebliebenen Instinkte des Lebens unaus-
gesetzt mit neuen Mitteln und Erfindungen ankämpfen. Das

asketische Ideal ist ein solches Mittel: es steht also gerade umgekehrt als es die Verehrer dieses Ideals meinen, – das Leben ringt in ihm und durch dasselbe mit dem Tode und gegen den Tod, das asketische Ideal ist ein Kunstgriff in der Erhaltung des Lebens. Dass dasselbe in dem Maasse, wie die Geschichte es lehrt, über den Menschen walten und mächtig werden konnte, in Sonderheit überall dort, wo die Civilisation und Zähmung des Menschen durchgesetzt wurde, darin drückt sich eine grosse Thatsache aus, die Krankhaftigkeit im bisherigen Typus des Menschen, zum Mindesten des zahm gemachten Menschen, das physiologische Ringen des Menschen mit dem Tode (genauer: mit dem Überdrusse am Leben, mit der Ermüdung, mit dem Wunsche nach dem »Ende«). Der asketische Priester ist der fleischgewordene Wunsch nach einem Anders-sein, Anderswo-sein, und zwar der höchste Grad dieses Wunsches, dessen eigentliche Inbrunst und Leidenschaft: aber eben die Macht seines Wünschens ist die Fessel, die ihn hier anbindet, eben damit wird er zum Werkzeug, das daran arbeiten muss, günstigere Bedingungen für das Hiersein und Mensch-sein zu schaffen, – eben mit dieser Macht hält er die ganze Heerde der Missrathnen, Verstimmten, Schlechtweggekommnen, Verunglückten, An-sich-Leidenden jeder Art am Dasein fest, indem er ihnen instinktiv als Hirt vorangeht. Man versteht mich bereits: dieser asketische Priester, dieser anscheinende Feind des Lebens, dieser Verneinende, – er gerade gehört zu den ganz grossen conservirenden und Ja-schaffenden Gewalten des Lebens ... Woran sie hängt, jene Krank[367]haftigkeit? Denn der Mensch ist kränker, unsicherer, wechselnder, unfestgestellter als irgend ein Thier sonst, daran ist kein Zweifel, – er ist das kranke Thier: woher kommt das? Sicherlich hat er auch mehr gewagt, geneuert, getrotzt, das Schicksal herausgefordert als alle übrigen Thiere zusammen genommen: er, der grosse Experimentator mit sich, der Unbefriedigte, Ungesättigte, der um die letzte Herrschaft

mit Thier, Natur und Göttern ringt, – er, der immer noch
Unbezwungne, der ewig-Zukünftige, der vor seiner eignen drängenden Kraft keine Ruhe mehr findet, so dass ihm
seine Zukunft unerbittlich wie ein Sporn im Fleische jeder
Gegenwart wühlt: – wie sollte ein solches muthiges und
reiches Thier nicht auch das am meisten gefährdete, das am
Längsten und Tiefsten kranke unter allen kranken Thieren
sein? ... Der Mensch hat es satt, oft genug, es giebt ganze
Epidemien dieses Satthabens (– so um 1348 herum, zur Zeit
des Todtentanzes): aber selbst noch dieser Ekel, diese
Müdigkeit, dieser Verdruss an sich selbst – Alles tritt an ihm
so mächtig heraus, dass es sofort wieder zu einer neuen
Fessel wird. Sein Nein, das er zum Leben spricht, bringt wie
durch einen Zauber eine Fülle zarterer Ja's an's Licht; ja
wenn er sich v e r w u n d e t , dieser Meister der Zerstörung,
Selbstzerstörung, – hinterdrein ist es die Wunde selbst, die
ihn zwingt, z u l e b e n ...

14.

Je normaler die Krankhaftigkeit am Menschen ist – und wir
können diese Normalität nicht in Abrede stellen –, um so
höher sollte man die seltnen Fälle der seelisch-leiblichen
Mächtigkeit, die G l ü c k s f ä l l e des Menschen in Ehren
halten, um so strenger die Wohlgerathenen vor der schlechtesten Luft, der Kranken-Luft behüten. Thut man das? ...
Die Kranken sind die größte Gefahr für die Gesunden;
n i c h t von den Stärksten kommt das Unheil für die Starken,
sondern von den [368] Schwächsten. Weiss man das? ... In's
Grosse gerechnet, ist es durchaus nicht die Furcht vor dem
Menschen, deren Verminderung man wünschen dürfte:
denn diese Furcht zwingt die Starken dazu, stark, unter
Umständen furchtbar zu sein, – sie hält den wohlgerathenen
Typus Mensch a u f r e c h t . Was zu fürchten ist, was ver-
hängnisvoll wirkt wie kein andres Verhängniss, das wäre
nicht die grosse Furcht, sondern der grosse E k e l vor dem
Menschen; insgleichen das grosse M i t l e i d mit dem Men-

schen. Gesetzt, dass diese beiden eines Tages sich begatteten, so würde unvermeidlich sofort etwas vom Unheimlichsten zur Welt kommen, der »letzte Wille« des Menschen, sein Wille zum Nichts, der Nihilismus. Und in der That: hierzu ist Viel vorbereitet. Wer nicht nur seine Nase zum Riechen hat, sondern auch seine Augen und Ohren, der spürt fast überall, wohin er heute auch nur tritt, etwas wie Irrenhaus-, wie Krankenhaus-Luft, – ich rede, wie billig, von den Culturgebieten des Menschen, von jeder Art »Europa«, das es nachgerade auf Erden giebt. Die K r a n k - h a f t e n sind des Menschen grosse Gefahr: n i c h t die Bösen, n i c h t die »Raubthiere«. Die von vornherein Verunglückten, Niedergeworfnen, Zerbrochnen – sie sind es, die S c h w ä c h s t e n sind es, welche am Meisten das Leben unter Menschen unterminiren, welche unser Vertrauen zum Leben, zum Menschen, zu uns am gefährlichsten vergiften und in Frage stellen. Wo entgienge man ihm, jenem verhängten Blick, von dem man eine tiefe Traurigkeit mit fortträgt, jenem zurückgewendeten Blick des Missgebornen von Anbeginn, der es verräth, wie ein solcher Mensch zu sich selber spricht, – jenem Blick, der ein Seufzer ist. »Möchte ich irgend Jemand Anderes sein! so seufzt dieser Blick: aber da ist keine Hoffnung. Ich bin, der ich bin: wie käme ich von mir selber los? Und doch – h a b e i c h m i c h s a t t !«... Auf solchem Boden der Selbstverachtung, einem eigentlichen Sumpfboden, wächst jedes Unkraut, jedes Giftgewächs, und alles so klein, so versteckt, so unehrlich, so süsslich. Hier wimmeln die Würmer der Rach- und [369] Nachgefühle; hier stinkt die Luft nach Heimlichkeiten und Uneingeständlichkeiten; hier spinnt sich beständig das Netz der bösartigsten Verschwörung, – der Verschwörung der Leidenden gegen die Wohlgerathenen und Siegreichen, hier wird der Aspekt des Siegreichen g e h a s s t. Und welche Verlogenheit, um diesen Hass nicht als Hass einzugestehn! Welcher Aufwand an grossen Worten und Attitüden, welche Kunst der »rechtschaffnen« Verleumdung! Diese Missrathenen: welche edle Beredsamkeit entströmt ihren Lippen! Wie viel zuckrige, schleimige, demüthige Ergebung schwimmt in ihren Augen! Was wollen sie eigentlich? Die Gerechtigkeit, die Liebe, die Weisheit, die Überlegenheit wenigstens darstellen – das ist der Ehrgeiz dieser »Untersten«, dieser Kranken! Und wie geschickt macht ein solcher Ehrgeiz! Man bewundere namentlich die Falschmünzer-Geschicklichkeit, mit der hier das Gepräge der Tugend, selbst der Klingklang, der Goldklang der Tugend nachgemacht wird. Sie haben die Tugend jetzt ganz und gar für sich in Pacht genommen, diese Schwachen und Heillos-Krankhaften, daran ist kein Zweifel: »wir allein sind die Guten, die Gerechten, so sprechen sie, wir allein sind die homines bonae voluntatis.« Sie wandeln unter uns herum als leibhafte Vorwürfe, als Warnungen an uns, – wie als ob Gesundheit, Wohlgerathenheit, Stärke, Stolz, Machtgefühl an sich schon lasterhafte Dinge seien, für die man einst büssen, bitter büssen müsse: oh wie sie im Grunde dazu selbst bereit sind, büssen zu machen, wie sie darnach dürsten, Henker zu sein! Unter ihnen giebt es in Fülle die zu Richtern verkleideten Rachsüchtigen, welche beständig das Wort »Gerechtigkeit« wie einen giftigen Speichel im Munde tragen, immer gespitzten Mundes, immer bereit, Alles anzuspeien, was nicht unzufrieden blickt und guten Muths seine Strasse zieht. Unter ihnen fehlt auch jene ekelhafteste Species der Eitlen nicht, die verlognen Missgeburten, die darauf aus sind, »schöne Seelen« darzustellen und etwa ihre verhunzte Sinnlichkeit, in Verse und andere Windeln gewickelt, als »Rein[370]heit des Herzens« auf den Markt bringen: die Species der moralischen Onanisten und »Selbstbefriediger«. Der Wille der Kranken, irgend eine Form der Überlegenheit darzustellen, ihr Instinkt für Schleichwege, die zu einer Tyrannei über die Gesunden führen, – wo fände er sich nicht, dieser Wille gerade der Schwächsten zur Macht! Das kranke Weib in Sonderheit: Niemand übertrifft es in Raffinements, zu herrschen, zu drücken, zu tyrannisiren. Das kranke Weib schont dazu nichts Lebendiges, nichts Todtes, es gräbt die begrabensten Dinge wieder auf (die Bogos sagen: »das Weib ist eine Hyäne«). Man blicke in die Hintergründe jeder Familie, jeder Körperschaft, jedes Gemeinwesens: überall der Kampf der Kranken gegen die Gesunden, – ein stiller Kampf zumeist mit kleinen Giftpulvern, mit Nadelstichen, mit tückischem Dulder-Mienenspiele, mitunter aber auch mit jenem Kranken-Pharisäismus der l a u t e n Gebärde, der am liebsten »die edle Entrüstung« spielt. Bis in die geweihten Räume der Wissenschaft hinein möchte es sich hörbar machen, das heisere Entrüstungsgebell der krankhaften Hunde, die bissige Verlogenheit und Wuth solcher »edlen« Pharisäer (– ich erinnere Leser, die Ohren haben, nochmals an jenen Berliner Rache-Apostel Eugen Dühring, der im heutigen Deutschland den unanständigsten und widerlichsten Gebrauch vom moralischen Bumbum macht: Dühring, das erste Moral-Grossmaul, das es jetzt giebt, selbst noch unter seines Gleichen, den Antisemiten). Das sind alles Menschen des Ressentiment, diese physiologisch Verunglückten und Wurmstichigen, ein ganzes zitterndes Erdreich unterirdischer Rache, unerschöpflich, unersättlich in Ausbrüchen gegen die Glücklichen und ebenso in Maskeraden der Rache, in Vorwänden zur Rache: wann würden sie eigentlich zu ihrem letzten, feinsten, sublimsten Triumph der Rache kommen? Dann unzweifelhaft, wenn es ihnen gelänge, ihr eignes Elend, alles Elend überhaupt den Glücklichen i n 's G e w i s s e n z u s c h i e b e n : so dass diese sich eines Tags ihres Glücks zu schämen begönnen und vielleicht unter einander [371] sich sagten: »es ist eine Schande, glücklich zu sein! e s g i e b t z u v i e l E l e n d !« ... Aber es könnte gar kein grösseres und verhängnissvolleres Missverständniss geben, als wenn dergestalt die Glücklichen, die Wohlgerathenen, die Mächtigen an Leib und Seele anfiengen, an ihrem R e c h t a u f G l ü c k zu zweifeln. Fort mit dieser »verkehrten Welt«! Fort mit dieser schändlichen Ver-

weichlichung des Gefühls! Dass die Kranken nicht die
Gesunden krank machen – und dies wäre eine solche Ver-
weichlichung – das sollte doch der oberste Gesichtspunkt
auf Erden sein: – dazu aber gehört vor allen Dingen, dass die
Gesunden von den Kranken abgetrennt bleiben, behütet
selbst vor dem Anblick der Kranken, dass sie sich nicht mit
den Kranken verwechseln. Oder wäre es etwa ihre Aufgabe,
Krankenwärter oder Ärzte zu sein? ... Aber sie könnten
ihre Aufgabe gar nicht schlimmer verkennen und verleugnen, – das Höhere soll sich nicht zum Werkzeug des
Niedrigeren herabwürdigen, das Pathos der Distanz soll
in alle Ewigkeit auch die Aufgaben aus einander halten!
Ihr Recht, dazusein, das Vorrecht der Glocke mit vollem
Klange vor der misstönigen, zersprungenen, ist ja ein tau-
sendfach grösseres: sie allein sind die Bürgen der Zukunft, sie allein sind verpflichtet für die Menschen-
Zukunft. Was sie können, was sie sollen, das dürften
niemals Kranke können und sollen: aber damit sie können, was nur sie sollen, wie stünde es ihnen noch frei, den
Arzt, den Trostbringer, den »Heiland« der Kranken zu
machen? ... Und darum gute Luft! gute Luft! Und weg
jedenfalls aus der Nähe von allen Irren- und Krankenhäu-
sern der Cultur! Und darum gute Gesellschaft, unsre
Gesellschaft! Oder Einsamkeit, wenn es sein muss! Aber
weg jedenfalls von den üblen Dünsten der innewendigen
Verderbniss und des heimlichen Kranken-Wurmfrasses! ...
Damit wir uns selbst nämlich, meine Freunde, wenigstens
eine Weile noch gegen die zwei schlimmsten Seuchen
vertheidigen, die gerade für uns aufgespart sein mögen,
[372] – gegen den grossen Ekel am Menschen! gegen das grosse Mitleid mit dem Menschen! ...

15.

Hat man in aller Tiefe begriffen – und ich verlange, dass man
hier gerade tief greift, tief begreift – inwiefern es
schlechterdings nicht die Aufgabe der Gesunden sein

kann, Kranke zu warten, Kranke gesund zu machen, so ist damit auch eine Nothwendigkeit mehr begriffen, – die Nothwendigkeit von Ärzten und Krankenwärtern, d i e s e l b e r k r a n k s i n d : und nunmehr haben und halten wir den Sinn des asketischen Priesters mit beiden Händen. Der asketische Priester muss uns als der vorherbestimmte Heiland, Hirt und Anwalt der kranken Heerde gelten: damit erst verstehen wir seine ungeheure historische Mission. Die H e r r s c h a f t ü b e r L e i d e n d e ist sein Reich, auf sie weist ihn sein Instinkt an, in ihr hat er seine eigenste Kunst, seine Meisterschaft, seine Art von Glück. Er muss selber krank sein, er muss den Kranken und Schlechtweggekommenen von Grund aus verwandt sein, um sie zu verstehen, – um sich mit ihnen zu verstehen; aber er muss auch stark sein, mehr Herr noch über sich als über Andere, unversehrt namentlich in seinem Willen zur Macht, damit er das Vertrauen und die Furcht der Kranken hat, damit er ihnen Halt, Widerstand, Stütze, Zwang, Zuchtmeister, Tyrann, Gott sein kann. Er hat sie zu vertheidigen, seine Heerde – gegen wen? Gegen die Gesunden, es ist kein Zweifel, auch gegen den Neid auf die Gesunden; er muss der natürliche Widersacher u n d V e r ä c h t e r aller rohen, stürmischen, zügellosen, harten, gewaltthätig-raubthierhaften Gesundheit und Mächtigkeit sein. Der Priester ist die erste Form des d e l i - k a t e r e n Thiers, das leichter noch verachtet als hasst. Es wird ihm nicht erspart bleiben, Krieg zu führen mit den Raubthieren, einen Krieg der List (des »Geistes«) mehr als der Gewalt, wie sich von selbst [373] versteht, – er wird es dazu unter Umständen nöthig haben, beinahe einen neuen Raubthier-Typus an sich herauszubilden, mindestens z u b e d e u t e n , – eine neue Thier-Furchtbarkeit, in welcher der Eisbär, die geschmeidige kalte abwartende Tigerkatze und nicht am wenigsten der Fuchs zu einer ebenso anziehenden als furchteinflössenden Einheit gebunden scheinen. Gesetzt, dass die Noth ihn zwingt, so tritt er dann wohl bärenhaft-ernst, ehrwürdig, klug, kalt, trügerisch-überlegen, als Herold und Mundstück geheimnissvollerer Gewalten, mitten unter die andere Art Raubthiere selbst, entschlossen, auf diesem Boden Leid, Zwiespalt, Selbstwiderspruch, wo er kann, auszusäen und, seiner Kunst nur zu gewiss, über Leidende jederzeit Herr zu werden. Er bringt Salben und Balsam mit, es ist kein Zweifel; aber erst hat er nöthig, zu verwunden, um Arzt zu sein; indem er dann den Schmerz stillt, den die Wunde macht, vergiftet er zugleich die Wunde – darauf vor Allem nämlich versteht er sich, dieser Zauberer und Raubthier-Bändiger, in dessen Umkreis alles Gesunde nothwendig krank und alles Kranke nothwendig zahm wird. Er vertheidigt in der That gut genug seine kranke Heerde, dieser seltsame Hirt, – er vertheidigt sie auch gegen sich, gegen die in der Heerde selbst glimmende Schlechtigkeit, Tücke, Böswilligkeit und was sonst allen Süchtigen und Kranken unter einander zu eigen ist, er kämpft klug, hart und heimlich mit der Anarchie und der jederzeit beginnenden Selbstauflösung innerhalb der Heerde, in welcher jener gefährlichste Spreng- und Explosivstoff, das Ressentiment, sich beständig häuft und häuft. Diesen Sprengstoff so zu entladen, dass er nicht die Heerde und nicht den Hirten zersprengt, das ist sein eigentliches Kunststück, auch seine oberste Nützlichkeit; wollte man den Werth der priesterlichen Existenz in die kürzeste Formel fassen, so wäre geradewegs zu sagen: der Priester ist der Richtungs-Veränderer des Ressentiment. Jeder Leidende nämlich sucht instinktiv zu seinem Leid eine Ursache; genauer noch, einen Thäter, noch bestimmter, [374] einen für Leid empfänglichen schuldigen Thäter, – kurz, irgend etwas Lebendiges, an dem er seine Affekte thätlich oder in effigie auf irgend einen Vorwand hin entladen kann: denn die Affekt-Entladung ist der grösste Erleichterungs- nämlich Betäubungs-Versuch des Leidenden, sein unwillkürlich begehrtes Narcoticum gegen Qual irgend welcher Art. Hierin allein ist, meiner Vermuthung nach, die wirkliche physiologische Ursächlichkeit des Ressentiment, der Rache und ihrer Verwandten, zu finden, in einem Verlangen also nach Betäubung von Schmerz durch Affekt: – man sucht dieselbe gemeinhin, sehr irrthümlich, wie mich dünkt, in dem Defensiv-Gegenschlag, einer blossen Schutzmaassregel der Reaktion, einer »Reflexbewegung« im Falle irgend einer plötzlichen Schädigung und Gefährdung, von der Art, wie sie ein Frosch ohne Kopf noch vollzieht, um eine ätzende Säure loszuwerden. Aber die Verschiedenheit ist fundamental: im Einen Falle will man weiteres Beschädigtwerden hindern, im anderen Falle will man einen quälenden, heimlichen, unerträglich-werdenden Schmerz durch eine heftigere Emotion irgend welcher Art betäuben und für den Augenblick wenigstens aus dem Bewusstsein schaffen, – dazu braucht man einen Affekt, einen möglichst wilden Affekt und, zu dessen Erregung, den ersten besten Vorwand. »Irgend Jemand muss schuld daran sein, dass ich mich schlecht befinde« – diese Art zu schliessen ist allen Krankhaften eigen, und zwar je mehr ihnen die wahre Ursache ihres Sich-Schlecht-Befindens, die physiologische, verborgen bleibt (– sie kann etwa in einer Erkrankung des nervus sympathicus liegen oder in einer übermässigen Gallen-Absonderung, oder an einer Armuth des Blutes an schwefel- und phosphorsaurem Kali oder in Druckzuständen des Unterleibes, welche den Blutumlauf stauen, oder in Entartung der Eierstöcke und dergleichen). Die Leidenden sind allesammt von einer entsetzlichen Bereitwilligkeit und Erfindsamkeit in Vorwänden zu schmerzhaften Affekten; sie geniessen ihren Argwohn schon, das Grübeln über [375] Schlechtigkeiten und scheinbare Beeinträchtigungen, sie durchwühlen die Eingeweide ihrer Vergangenheit und Gegenwart nach dunklen fragwürdigen Geschichten, wo es ihnen freisteht, in einem quälerischen Verdachte zu schwelgen und am eignen Gifte der Bosheit sich zu berauschen – sie reissen die ältesten Wunden auf, sie verbluten sich an längst ausgeheilten Narben, sie machen Übelthäter aus Freund, Weib, Kind und was

sonst ihnen am nächsten steht. »Ich leide: daran muss irgend
Jemand schuld sein« – also denkt jedes krankhafte Schaf.
Aber sein Hirt, der asketische Priester, sagt zu ihm: »Recht
so, mein Schaf! irgend wer muss daran schuld sein: aber du
selbst bist dieser Irgend-Wer, du selbst bist daran allein
schuld, – du selbst bist an dir allein schuld!«...
Das ist kühn genug, falsch genug: aber Eins ist damit
wenigstens erreicht, damit ist, wie gesagt, die Richtung des
Ressentiment – verändert.

16.

Man erräth nunmehr, was nach meiner Vorstellung der
Heilkünstler-Instinkt des Lebens durch den asketischen
Priester zum Mindesten versucht hat und wozu ihm eine
zeitweilige Tyrannei solcher paradoxer und paralogischer
Begriffe wie »Schuld«, »Sünde«, »Sündhaftigkeit«, »Verderbniss«, »Verdammniss« hat dienen müssen: die Kranken
bis zu einem gewissen Grade unschädlich zu machen,
die Unheilbaren durch sich selbst zu zerstören, den Milder-
Erkrankten streng die Richtung auf sich selbst, eine Rück-
wärtsrichtung ihres Ressentiments zu geben (»Eins ist
noth« –) und die schlechten Instinkte aller Leidenden dergestalt zum Zweck der Selbstdisciplinirung, Selbstüberwa-
chung, Selbstüberwindung auszunützen. Es kann sich,
wie sich von selbst versteht, mit einer »Medikation« dieser
Art, einer blossen Affekt-Medikation, schlechterdings nicht
um eine wirkliche Kranken-Heilung im physiologischen
Ver[376]stande handeln; man dürfte selbst nicht einmal
behaupten, dass der Instinkt des Lebens hierbei irgendwie
die Heilung in Aussicht und Absicht genommen habe. Eine
Art Zusammendrängung und Organisation der Kranken auf
der einen Seite (– das Wort »Kirche« ist dafür der populärste
Name), eine Art vorläufiger Sicherstellung der Gesünder-
Gerathenen, der Voller-Ausgegossenen auf der andern, die
Aufreissung einer Kluft somit zwischen Gesund und
Krank – das war für lange Alles! Und es war Viel! es war

sehr Viel! ... [Ich gehe in dieser Abhandlung, wie man sieht, von einer Voraussetzung aus, die ich in Hinsicht auf Leser, wie ich sie brauche, nicht erst zu begründen habe: dass »Sündhaftigkeit« am Menschen kein Thatbestand ist, vielmehr nur die Interpretation eines Thatbestandes, nämlich einer physiologischen Verstimmung, – letztere unter einer moralisch-religiösen Perspektive gesehn, welche für uns nichts Verbindliches mehr hat. – Damit, dass Jemand sich »schuldig«, »sündig« fühlt, ist schlechterdings noch nicht bewiesen, dass er sich mit Recht so fühlt; so wenig Jemand gesund ist, bloss deshalb, weil er sich gesund fühlt. Man erinnere sich doch der berühmten Hexen-Prozesse: damals zweifelten die scharfsichtigsten und menschenfreundlichsten Richter nicht daran, dass hier eine Schuld vorliege; die »Hexen« selbst zweifelten nicht daran, – und dennoch fehlte die Schuld. – Um jene Voraussetzung in erweiterter Form auszudrücken: der »seelische Schmerz« selbst gilt mir überhaupt nicht als Thatbestand, sondern nur als eine Auslegung (Causal-Auslegung) von bisher nicht exakt zu formulirenden Thatbeständen: somit als Etwas, das vollkommen noch in der Luft schwebt und wissenschaftlich unverbindlich ist, – ein fettes Wort eigentlich nur an Stelle eines sogar spindeldürren Fragezeichens. Wenn Jemand mit einem »seelischen Schmerz« nicht fertig wird, so liegt das, grob geredet, nicht an seiner »Seele«; wahrscheinlicher noch an seinem Bauche (grob geredet, wie gesagt: womit noch keineswegs der Wunsch ausgedrückt ist, auch grob gehört, [377] grob verstanden zu werden ...) Ein starker und wohlgerathener Mensch verdaut seine Erlebnisse (Thaten, Unthaten eingerechnet) wie er seine Mahlzeiten verdaut, selbst wenn er harte Bissen zu verschlucken hat. Wird er mit einem Erlebnisse »nicht fertig«, so ist diese Art Indigestion so gut physiologisch wie jene andere – und vielfach in der That nur eine der Folgen jener anderen. – Mit einer solchen Auffassung kann man, unter uns gesagt, immer noch der strengste Gegner alles Materialismus sein ...]

17.

Ist er eigentlich ein A r z t , dieser asketische Priester? – Wir begriffen schon, inwiefern es kaum erlaubt ist, ihn einen Arzt zu nennen, so gern er auch selbst sich als »Heiland« fühlt, als »Heiland« verehren lässt. Nur das Leiden selbst, die Unlust des Leidenden wird von ihm bekämpft, n i c h t deren Ursache, n i c h t das eigentliche Kranksein, – das muss unsren grundsätzlichsten Einwand gegen die priesterliche Medikation abgeben. Stellt man sich aber erst einmal in die Perspektive, wie der Priester sie allein kennt und hat, so kommt man nicht leicht zu Ende in der Bewunderung, was unter ihr Alles gesehn, gesucht und gefunden hat. Die M i l d e r u n g des Leidens, das »Trösten« jeder Art, – das erweist sich als sein Genie selbst: wie erfinderisch hat er seine Tröster-Aufgabe verstanden, wie unbedenklich und kühn hat er zu ihr die Mittel gewählt! Das Christenthum in Sonderheit dürfte man eine grosse Schatzkammer geistreichster Trostmittel nennen, so viel Erquickliches, Milderndes, Narkotisirendes ist in ihm gehäuft, so viel Gefährlichstes und Verwegenstes zu diesem Zweck gewagt, so fein, so raffinirt, so südländisch-raffinirt ist von ihm insbesondere errathen worden, mit was für Stimulanz-Affekten die tiefe Depression, die bleierne Ermüdung, die schwarze Traurigkeit der Physiologisch-Gehemmten wenigstens für Zeiten besiegt werden [378] kann. Denn allgemein gesprochen: bei allen grossen Religionen handelte es sich in der Hauptsache um die Bekämpfung einer gewissen, zur Epidemie gewordnen Müdigkeit und Schwere. Man kann es von vornherein als wahrscheinlich ansetzen, dass von Zeit zu Zeit an bestimmten Stellen der Erde fast nothwendig ein p h y s i o l o g i s c h e s Hemmungsgefühl über breite Massen Herr werden muss, welches aber, aus Mangel an physiologischem Wissen, nicht als solches in's Bewusstsein tritt, so dass dessen »Ursache«, dessen Remedur auch nur psychologisch-moralisch gesucht und versucht werden kann (– dies nämlich ist meine allgemeinste Formel für Das, was gemein-

hin eine »Religion« genannt wird). Ein solches Hemmungsgefühl kann verschiedenster Abkunft sein: etwa als
Folge der Kreuzung von zu fremdartigen Rassen (oder von
Ständen – Stände drücken immer auch Abkunfts- und Ras-
sen-Differenzen aus: der europäische »Weltschmerz«, der
»Pessimismus« des neunzehnten Jahrhunderts ist wesentlich
die Folge einer unsinnig plötzlichen Stände-Mischung); oder
bedingt durch eine fehlerhafte Emigration – eine Rasse in ein
Klima gerathen, für das ihre Anpassungskraft nicht ausreicht
(der Fall der Inder in Indien); oder die Nachwirkung von
Alter und Ermüdung der Rasse (Pariser Pessimismus von
1850 an); oder einer falschen Diät (Alkoholismus des Mittelalters; der Unsinn der Vegetarians, welche freilich die Autorität des Junker Christoph bei Shakespeare für sich haben);
oder von Blutverderbniss, Malaria, Syphilis und dergleichen
(deutsche Depression nach dem dreissigjährigen Kriege,
welcher halb Deutschland mit schlechten Krankheiten
durchseuchte und damit den Boden für deutsche Servilität,
deutschen Kleinmuth vorbereitete). In einem solchen Falle
wird jedes Mal im grössten Stil ein Kampf mit dem
Unlustgefühl versucht; unterrichten wir uns kurz über
dessen wichtigste Praktiken und Formen. (Ich lasse hier, wie
billig, den eigentlichen Philosophen-Kampf gegen das
Unlustgefühl, der immer gleichzeitig zu sein pflegt, ganz bei
[379] Seite – er ist interessant genug, aber zu absurd, zu
praktisch-gleichgültig, zu spinneweberisch und eckensteher-
haft, etwa wenn der Schmerz als ein Irrthum bewiesen
werden soll, unter der naiven Voraussetzung, dass der
Schmerz schwinden müsse, wenn erst der Irrthum in ihm
erkannt ist – aber siehe da! er hütete sich, zu schwinden ...)
Man bekämpft erstens jene dominirende Unlust durch
Mittel, welche das Lebensgefühl überhaupt auf den niedrigsten Punkt herabsetzen. Womöglich überhaupt kein Wollen, kein Wunsch mehr; Allem, was Affekt macht, was
»Blut« macht, ausweichen (kein Salz essen: Hygiene des
Fakirs); nicht lieben; nicht hassen; Gleichmuth; nicht sich

rächen; nicht sich bereichern; nicht arbeiten; betteln;
womöglich kein Weib, oder so wenig Weib als möglich: in
geistiger Hinsicht das Princip Pascal's »il faut s'abêtir«.
Resultat, psychologisch-moralisch ausgedrückt: »Entselbstung«, »Heiligung«; physiologisch ausgedrückt: Hypnotisirung, – der Versuch Etwas für den Menschen annähernd
zu erreichen, was der Winterschlaf für einige Thier-
arten, der Sommerschlaf für viele Pflanzen der heissen
Klimaten ist, ein Minimum von Stoffverbrauch und Stoff-
wechsel, bei dem das Leben gerade noch besteht, ohne
eigentlich noch in's Bewusstsein zu treten. Auf dieses Ziel
ist eine erstaunliche Menge menschlicher Energie verwandt
worden – umsonst etwa? ... Dass solche sportsmen der
»Heiligkeit«, an denen alle Zeiten, fast alle Völker reich
sind, in der That eine wirkliche Erlösung von dem gefunden
haben, was sie mit einem so rigorösen training bekämpften,
daran darf man durchaus nicht zweifeln, – sie kamen von
jener tiefen physiologischen Depression mit Hülfe ihres
Systems von Hypnotisirungs-Mitteln in unzähligen Fällen
wirklich los: weshalb ihre Methodik zu den allgemeinsten
ethnologischen Thatsachen zählt. Insgleichen fehlt jede
Erlaubniss dazu, um schon an sich eine solche Absicht auf
Aushungerung der Leiblichkeit und der Begierde unter die
Irrsinns-Symptome zu rechnen (wie es eine täppische Art
von Roastbeef-fressenden »Freigeistern« und Junker Chri-
[380]stophen zu thun beliebt). Um so sicherer ist es, dass sie
den Weg zu allerhand geistigen Störungen abgiebt, abgeben kann, zu »inneren Lichtern« zum Beispiel, wie bei den
Hesychasten vom Berge Athos, zu Klang- und Gestalt-
Hallucinationen, zu wollüstigen Überströmungen und
Ekstasen der Sinnlichkeit (Geschichte der heiligen Therese).
Die Auslegung, welche derartigen Zuständen von den mit
ihnen Behafteten gegeben wird, ist immer so schwärme-
risch-falsch wie möglich gewesen, dies versteht sich von
selbst: nur überhöre man den Ton überzeugtester Dankbarkeit nicht, der eben schon im Willen zu einer solchen

Interpretations-Art zum Erklingen kommt. Der höchste Zustand, die E r l ö s u n g selbst, jene endlich erreichte Gesammt-Hypnotisirung und Stille, gilt ihnen immer als das Geheimniss an sich, zu dessen Ausdruck auch die höchsten Symbole nicht ausreichen, als Ein- und Heimkehr in den Grund der Dinge, als Freiwerden von allem Wahne, als »Wissen«, als »Wahrheit«, als »Sein«, als Loskommen von jedem Ziele, jedem Wunsche, jedem Thun, als ein Jenseits auch von Gut und Böse. »Gutes und Böses, sagt der Buddhist, – Beides sind Fesseln: über Beides wurde der Vollendete Herr«; »Gethanes und Ungethanes, sagt der Gläubige des Vedânta, schafft ihm keinen Schmerz; das Gute und das Böse schüttelt er als ein Weiser von sich; sein Reich leidet durch keine That mehr; über Gutes und Böses, über Beides gieng er hinaus«: – eine gesammt-indische Auffassung also, ebenso brahmanistisch als buddhistisch. (Weder in der indischen, noch in der christlichen Denkweise gilt jene »Erlösung« als e r r e i c h b a r durch Tugend, durch moralische Besserung, so hoch der Hypnotisirungs-Werth der Tugend auch von ihnen angesetzt wird: dies halte man fest, – es entspricht dies übrigens einfach dem Thatbestande. Hierin w a h r geblieben zu sein, darf vielleicht als das beste Stück Realismus in den drei grössten, sonst so gründlich vermoralisirten Religionen betrachtet werden. »Für den Wissenden giebt es keine Pflicht« . . . »Durch Z u l e g u n g von Tugenden [381] kommt Erlösung nicht zu Stande: denn sie besteht im Einssein mit dem keiner Zulegung von Vollkommenheit fähigen Brahman; und ebenso wenig in der A b l e g u n g von Fehlern: denn das Brahman, mit dem Eins zu sein Das ist, was Erlösung ausmacht, ist ewig rein« – diese Stellen aus dem Commentare Çankara, citirt von dem ersten wirklichen K e n n e r der indischen Philosophie in Europa, meinem Freunde Paul Deussen.) Die »Erlösung« in den grossen Religionen wollen wir also in Ehren halten; dagegen wird es uns ein wenig schwer, bei der Schätzung, welche schon der t i e f e S c h l a f durch diese selbst für das Träumen zu müd gewordnen Lebensmüden erfährt, ernsthaft zu bleiben, – der tiefe Schlaf nämlich bereits als Eingehen in das Brahman, als erreichte unio mystica mit Gott. »Wenn er dann eingeschlafen ist ganz und gar – heisst es darüber in der ältesten ehrwürdigen »Schrift« – und völlig zur Ruhe gekommen, dass er kein Traumbild mehr schaut, alsdann ist er, oh Theurer, vereinigt mit dem Seienden, in sich selbst ist er eingegangen, – von dem erkenntnissartigen Selbste umschlungen hat er kein Bewusstsein mehr von dem, was aussen oder innen ist. Diese Brücke überschreiten nicht Tag und Nacht, nicht das Alter, nicht der Tod, nicht das Leiden, nicht gutes Werk, noch böses Werk.« »Im tiefen Schlafe, sagen insgleichen die Gläubigen dieser tiefsten der drei grossen Religionen, hebt sich die Seele heraus aus diesem Leibe, geht ein in das höchste Licht und tritt dadurch hervor in eigener Gestalt: da ist sie der höchste Geist selbst, der herumwandelt, indem er scherzt und spielt und sich ergötzt, sei es mit Weibern oder mit Wagen oder mit Freunden, da denkt sie nicht mehr zurück an dieses Anhängsel von Leib, an welches der prâna (der Lebensodem) angespannt ist wie ein Zugthier an den Karren.« Trotzdem wollen wir auch hier, wie im Falle der »Erlösung«, uns gegenwärtig halten, dass damit im Grunde, wie sehr auch immer in der Pracht orientalischer Übertreibung, nur die gleiche Schätzung ausgedrückt ist, welche die des klaren, kühlen, griechisch-küh[382]len aber leidenden Epikur war: das hypnotische Nichts-Gefühl, die Ruhe des tiefsten Schlafes, Leidlosigkeit kurzum – das darf Leidenden und Gründlich-Verstimmten schon als höchstes Gut, als Werth der Werthe gelten, das muss von ihnen als positiv abgeschätzt, als das Positive selbst empfunden werden. (Nach derselben Logik des Gefühls heisst in allen pessimistischen Religionen das Nichts Gott.)

18.

Viel häufiger als eine solche hypnotistische Gesammtdämpfung der Sensibilität, der Schmerzfähigkeit, welche schon seltnere Kräfte, vor Allem Muth, Verachtung der Meinung, »intellektuellen Stoicismus« voraussetzt, wird gegen Depressions-Zustände ein anderes training versucht, welches jedenfalls leichter ist: die machinale Thätigkeit. Dass mit ihr ein leidendes Dasein in einem nicht unbeträchtlichen Grade erleichtert wird, steht ausser allem Zweifel: man nennt heute diese Thatsache, etwas unehrlich, »den Segen der Arbeit«. Die Erleichterung besteht darin, dass das Interesse des Leidenden grundsätzlich vom Leiden abgelenkt wird, – dass beständig ein Thun und wieder nur ein Thun in's Bewusstsein tritt und folglich wenig Platz darin für Leiden bleibt: denn sie ist eng, diese Kammer des menschlichen Bewusstseins! Die machinale Thätigkeit und was zu ihr gehört – wie die absolute Regularität, der pünktliche besinnungslose Gehorsam, das Ein-für-alle-Mal der Lebensweise, die Ausfüllung der Zeit, eine gewisse Erlaubniss, ja eine Zucht zur »Unpersönlichkeit«, zum Sich-selbst-Vergessen, zur »incuria sui« –: wie gründlich, wie fein hat der asketische Priester sie im Kampf mit dem Schmerz zu benutzen gewusst! Gerade wenn er mit Leidenden der niederen Stände, mit Arbeitssklaven oder Gefangenen zu thun hatte (oder mit Frauen: die ja meistens Beides zugleich sind, Arbeitssklaven und Gefangene), so bedurfte es wenig mehr als einer kleinen Kunst des [383] Namenwechsels und der Umtaufung, um sie in verhassten Dingen fürderhin eine Wohlthat, ein relatives Glück sehn zu machen: – die Unzufriedenheit des Sklaven mit seinem Loos ist jedenfalls nicht von den Priestern erfunden worden. – Ein noch geschätzteres Mittel im Kampf mit der Depression ist die Ordinirung einer kleinen Freude, die leicht zugänglich ist und zur Regel gemacht werden kann; man bedient sich dieser Medikation häufig in Verbindung mit der eben besprochnen. Die häufigste Form, in der die Freude dergestalt als Kurmittel ordinirt wird, ist die Freude des Freude-Machens (als Wohlthun, Beschenken, Erleichtern, Helfen, Zureden, Trösten, Loben, Auszeichnen); der asketische Priester verordnet damit, dass er »Nächstenliebe« verordnet, im Grunde eine Erregung des stärksten, lebensbejahendsten Triebes, wenn auch in der vorsichtigsten Dosirung, – des Willens zur Macht. Das Glück der »kleinsten Überlegenheit«, wie es alles Wohlthun, Nützen, Helfen, Auszeichnen mit sich bringt, ist das reichlichste Trostmittel, dessen sich die Physiologisch-Gehemmten zu bedienen pflegen, gesetzt dass sie gut berathen sind: im andern Falle thun sie einander weh, natürlich im Gehorsam gegen den gleichen Grundinstinkt. Wenn man nach den Anfängen des Christenthums in der römischen Welt sucht, so findet man Vereine zu gegenseitiger Unterstützung, Armen-, Kranken-, Begräbniss-Vereine, aufgewachsen auf dem untersten Boden der damaligen Gesellschaft, in denen mit Bewusstsein jenes Hauptmittel gegen die Depression, die kleine Freude, die des gegenseitigen Wohlthuns gepflegt wurde, – vielleicht war dies damals etwas Neues, eine eigentliche Entdeckung? In einem dergestalt hervorgerufnen »Willen zur Gegenseitigkeit«, zur Heerdenbildung, zur »Gemeinde«, zum »Cönakel« muss nun wiederum jener damit, wenn auch im Kleinsten, erregte Wille zur Macht, zu einem neuen und viel volleren Ausbruch kommen: die Heerdenbildung ist im Kampf mit der Depression ein wesentlicher Schritt und Sieg. Im Wachsen der Gemeinde erstarkt auch für den Einzelnen ein neues [384] Interesse, das ihn oft genug über das Persönlichste seines Missmuths, seine Abneigung gegen sich (die »despectio sui« des Geulinx) hinweghebt. Alle Kranken, Krankhaften streben instinktiv, aus einem Verlangen nach Abschüttelung der dumpfen Unlust und des Schwächegefühls, nach einer Heerden-Organisation: der asketische Priester erräth diesen Instinkt und fördert ihn: wo es Heerden giebt, ist es der Schwäche-Instinkt, der die Heerde gewollt hat, und die Priester-Klugheit, die sie organisirt hat.

Denn man übersehe dies nicht: die Starken streben ebenso naturnothwendig a u s einander, als die Schwachen z u einander; wenn erstere sich verbinden, so geschieht es nur in der Aussicht auf eine aggressive Gesammt-Aktion und Gesammt-Befriedigung ihres Willens zur Macht, mit vielem Widerstande des Einzel-Gewissens; letztere dagegen ordnen sich zusammen, mit L u s t gerade an dieser Zusammenordnung, – ihr Instinkt ist dabei ebenso befriedigt, wie der Instinkt der geborenen »Herren« (das heisst der solitären Raubthier-Species Mensch) im Grunde durch Organisation gereizt und beunruhigt wird. Unter jeder Oligarchie liegt – die ganze Geschichte lehrt es – immer das t y r a n n i s c h e Gelüst versteckt; jede Oligarchie zittert beständig von der Spannung her, welche jeder Einzelne in ihr nöthig hat, Herr über dies Gelüst zu bleiben. (So war es zum Beispiel g r i e c h i s c h : Plato bezeugt es an hundert Stellen, Plato, der seines Gleichen kannte – u n d sich selbst . . .)

19.

Die Mittel des asketischen Priesters, welche wir bisher kennen lernten – die Gesammt-Dämpfung des Lebensgefühls, die machinale Thätigkeit, die kleine Freude, vor Allem die der »Nächstenliebe«, die Heerden-Organisation, die Erweckung des Gemeinde-Machtgefühls, demzufolge der Verdruss des Einzelnen an sich durch seine Lust am Gedeihen der Gemeinde übertäubt wird – das sind, nach modernem Maasse gemessen, seine u n [385] s c h u l d i g e n Mittel im Kampfe mit der Unlust: wenden wir uns jetzt zu den interessanteren, den »schuldigen«. Bei ihnen allen handelt es sich um Eins: um irgend eine A u s s c h w e i f u n g d e s G e f ü h l s , – diese gegen die dumpfe lähmende lange Schmerzhaftigkeit als wirksamstes Mittel der Betäubung benutzt; weshalb die priesterliche Erfindsamkeit im Ausdenken dieser Einen Frage geradezu unerschöpflich gewesen ist: »w o d u r c h erzielt man eine Ausschweifung des Gefühls?« . . . Das klingt hart: es liegt auf der Hand, dass es

lieblicher klänge und besser vielleicht zu Ohren gienge,
wenn ich etwa sagte »der asketische Priester hat sich jederzeit die Begeisterung zu Nutze gemacht, die in allen
starken Affekten liegt«. Aber wozu die verweichlichten
Ohren unsrer modernen Zärtlinge noch streicheln? Wozu
unsrerseits ihrer Tartüfferie der Worte auch nur einen
Schritt breit nachgeben? Für uns Psychologen läge darin
bereits eine Tartüfferie der That; abgesehen davon, dass
es uns Ekel machen würde. Ein Psychologe nämlich hat
heute darin, wenn irgend worin, seinen guten Geschmack (– Andre mögen sagen: seine Rechtschaffenheit),
dass er der schändlich vermoralisirten Sprechweise
widerstrebt, mit der nachgerade alles moderne Urtheilen
über Mensch und Ding angeschleimt ist. Denn man täusche
sich hierüber nicht: was das eigentlichste Merkmal moderner
Seelen, moderner Bücher ausmacht, das ist nicht die Lüge,
sondern die eingefleischte Unschuld in der moralistischen Verlogenheit. Diese »Unschuld« überall wieder ent-
decken müssen – das macht vielleicht unser widerlichstes
Stück Arbeit aus, an all der an sich nicht unbedenklichen
Arbeit, deren sich heute ein Psychologe zu unterziehn hat;
es ist ein Stück unsrer grossen Gefahr, – es ist ein Weg,
der vielleicht gerade uns zum grossen Ekel führt ... Ich
zweifle nicht daran, wozu allein moderne Bücher (gesetzt,
dass sie Dauer haben, was freilich nicht zu fürchten ist, und
ebenfalls gesetzt, dass es einmal eine Nachwelt mit strenge-
rem härteren gesünderen Geschmack giebt) – wozu
alles Moderne [386] überhaupt dieser Nachwelt dienen
würde, dienen könnte: zu Brechmitteln, – und das vermöge
seiner moralischen Versüsslichung und Falschheit, seines
innerlichsten Femininismus, der sich gern »Idealismus«
nennt und jedenfalls Idealismus glaubt. Unsre Gebildeten
von Heute, unsre »Guten« lügen nicht – das ist wahr; aber es
gereicht ihnen nicht zur Ehre! Die eigentliche Lüge, die
ächte resolute »ehrliche« Lüge (über deren Werth man Plato
hören möge) wäre für sie etwas bei weitem zu Strenges,

zu Starkes; es würde verlangen, was man von ihnen nicht verlangen d a r f, dass sie die Augen gegen sich selbst aufmachten, dass sie zwischen »wahr« und »falsch« bei sich selber zu unterscheiden wüssten. Ihnen geziemt allein die u n e h r l i c h e L ü g e; Alles, was sich heute als »guter Mensch« fühlt, ist vollkommen unfähig, zu irgend einer Sache anders zu stehn als u n e h r l i c h - v e r l o g e n, abgründlich-verlogen, aber unschuldig-verlogen, treuherzig-verlogen, blauäugig-verlogen, tugendhaft-verlogen. Diese »guten Menschen«, – sie sind allesammt jetzt in Grund und Boden vermoralisirt und in Hinsicht auf Ehrlichkeit zu Schanden gemacht und verhunzt für alle Ewigkeit: wer von ihnen hielte noch eine W a h r h e i t »über den Menschen« aus! ... Oder, greiflicher gefragt: wer von ihnen ertrüge eine w a h r e Biographie! ... Ein paar Anzeichen: Lord Byron hat einiges Persönlichste über sich aufgezeichnet, aber Thomas Moore war »zu gut« dafür: er verbrannte die Papiere seines Freundes. Dasselbe soll Dr. Gwinner gethan haben, der Testaments-Vollstrecker Schopenhauer's: denn auch Schopenhauer hatte Einiges über sich und vielleicht auch gegen sich (»εἰς ἑαυτόν«) aufgezeichnet. Der tüchtige Amerikaner Thayer, der Biograph Beethoven's, hat mit Einem Male in seiner Arbeit Halt gemacht: an irgend einem Punkte dieses ehrwürdigen und naiven Lebens angelangt, hielt er dasselbe nicht mehr aus ... Moral: welcher kluge Mann schriebe heute noch ein ehrliches Wort über sich? – er müsste denn schon zum Orden der heiligen Tollkühnheit gehören. Man verspricht uns eine Selbstbiographie Richard Wagner's: wer [387] zweifelt daran, dass es eine k l u g e Selbstbiographie sein wird? ... Gedenken wir noch des komischen Entsetzens, welches der katholische Priester Janssen mit seinem über alle Begriffe viereckig und harmlos gerathenen Bilde der deutschen Reformations-Bewegung in Deutschland erregt hat; was würde man erst beginnen, wenn uns Jemand diese Bewegung einmal a n d e r s erzählte, wenn uns einmal ein wirklicher Psycholog einen wirklichen Lu-

ther erzählte, nicht mehr mit der moralistischen Einfalt eines
Landgeistlichen, nicht mehr mit der süsslichen und rück-
sichtsvollen Schamhaftigkeit protestantischer Historiker,
sondern etwa mit einer Taine'schen Unerschrockenheit,
aus einer Stärke der Seele heraus und nicht aus einer
klugen Indulgenz gegen die Stärke? . . . (Die Deutschen,
anbei gesagt, haben den klassischen Typus der letzteren
zuletzt noch schön genug herausgebracht, – sie dürfen ihn
sich schon zurechnen, zu Gute rechnen: nämlich in ihrem
Leopold Ranke, diesem gebornen klassischen advocatus
jeder causa fortior, diesem klügsten aller klugen »Thatsächlichen«.)

20.

Aber man wird mich schon verstanden haben: – Grund
genug, nicht wahr, Alles in Allem, dass wir Psychologen
heutzutage einiges Misstrauen gegen uns selbst nicht
los werden? . . . Wahrscheinlich sind auch wir noch »zu gut«
für unser Handwerk, wahrscheinlich sind auch wir noch die
Opfer, die Beute, die Kranken dieses vermoralisirten Zeitge-
schmacks, so sehr wir uns auch als dessen Verächter fühlen,
– wahrscheinlich inficirt er auch noch uns. Wovor warnte
doch jener Diplomat, als er zu seines Gleichen redete?
»Misstrauen wir vor Allem, meine Herrn, unsren ersten
Regungen! sagte er, sie sind fast immer gut« . . . So
sollte auch jeder Psycholog heute zu seines Gleichen reden . . . Und damit kommen wir zu unserm Problem
zurück, das in der That von uns einige Strenge verlangt,
[388] einiges Misstrauen in Sonderheit gegen die »ersten Regungen«. Das asketische Ideal im Dienste einer
Absicht auf Gefühls-Ausschweifung: – wer sich
der vorigen Abhandlung erinnert, wird den in diese neun
Worte gedrängten Inhalt des nunmehr Darzustellenden im
Wesentlichen schon vorwegnehmen. Die menschliche Seele
einmal aus allen ihren Fugen zu lösen, sie in Schrecken,
Fröste, Gluthen und Entzückungen derartig unterzutauchen,
dass sie von allem Kleinen und Kleinlichen der Unlust, der

Dumpfheit, der Verstimmung wie durch einen Blitzschlag loskommt: welche Wege führen zu diesem Ziele? Und welche von ihnen am sichersten? ... Im Grunde haben alle grossen Affekte ein Vermögen dazu, vorausgesetzt, dass sie sich plötzlich entladen, Zorn, Furcht, Wollust, Rache, Hoffnung, Triumph, Verzweiflung, Grausamkeit; und wirklich hat der asketische Priester unbedenklich die ganze Meute wilder Hunde im Menschen in seinen Dienst genommen und bald diesen, bald jenen losgelassen, immer zu dem gleichen Zwecke, den Menschen aus der langsamen Traurigkeit aufzuwecken, seinen dumpfen Schmerz, sein zögerndes Elend für Zeiten wenigstens in die Flucht zu jagen, immer auch unter einer religiösen Interpretation und »Rechtfertigung«. Jede derartige Ausschweifung des Gefühls macht sich hinterdrein bezahlt, das versteht sich von selbst – sie macht den Kranken kränker –: und deshalb ist diese Art von Remeduren des Schmerzes, nach modernem Maasse gemessen, eine »schuldige« Art. Man muss jedoch, weil es die Billigkeit verlangt, um so mehr darauf bestehen, dass sie mit gutem Gewissen angewendet worden ist, dass der asketische Priester sie im tiefsten Glauben an ihre Nützlichkeit, ja Unentbehrlichkeit verordnet hat, – und oft genug selbst vor dem Jammer, den er schuf, fast zerbrechend; insgleichen, dass die vehementen physiologischen Revanchen solcher Excesse, vielleicht sogar geistige Störungen, im Grunde dem ganzen Sinne dieser Art Medikation nicht eigentlich widersprechen: als welche, wie vorher gezeigt worden ist, nicht auf Heilung [389] von Krankheiten, sondern auf Bekämpfung der Depressions-Unlust, auf deren Linderung, deren Betäubung aus war. Dies Ziel wurde auch so erreicht. Der Hauptgriff, den sich der asketische Priester erlaubte, um auf der menschlichen Seele jede Art von zerreissender und verzückter Musik zum Erklingen zu bringen, war damit gethan – Jedermann weiss das –, dass er sich das Schuldgefühl zu Nutze machte. Dessen Herkunft hat die vorige Abhandlung kurz angedeu-

tet – als ein Stück Thierpsychologie, als nicht mehr: das
Schuldgefühl trat uns dort gleichsam in seinem Rohzustande
entgegen. Erst unter den Händen des Priesters, dieses
eigentlichen Künstlers in Schuldgefühlen, hat es Gestalt
gewonnen – oh was für eine Gestalt! Die »Sünde« – denn so
lautet die priesterliche Umdeutung des thierischen »schlechten Gewissens« (der rückwärts gewendeten Grausamkeit) –
ist bisher das grösste Ereigniss in der Geschichte der kranken Seele gewesen: in ihr haben wir das gefährlichste und
verhängnissvollste Kunststück der religiösen Interpretation.
Der Mensch, an sich selbst leidend, irgendwie, jedenfalls
physiologisch, etwa wie ein Thier, das in den Käfig gesperrt
ist, unklar, warum, wozu? begehrlich nach Gründen –
Gründe erleichtern –, begehrlich auch nach Mitteln und
Narkosen, beräth sich endlich mit Einem, der auch das
Verborgene weiss – und siehe da! er bekommt einen Wink,
er bekommt von seinem Zauberer, dem asketischen Priester,
den e r s t e n Wink über die »Ursache« seines Leidens: er
soll sie in s i c h suchen, in einer S c h u l d, in einem Stück
Vergangenheit, er soll sein Leiden selbst als einen S t r a f -
z u s t a n d verstehn . . . Er hat gehört, er hat verstanden, der
Unglückliche: jetzt geht es ihm wie der Henne, um die ein
Strich gezogen ist. Er kommt aus diesem Kreis von Strichen
nicht wieder heraus: aus dem Kranken ist »der Sünder«
gemacht . . . Und nun wird man den Aspekt dieses neuen
Kranken, »des Sünders«, für ein paar Jahrtausende nicht los,
– wird man ihn je wieder los? – wohin man nur sieht, überall
der hypnotische Blick des Sünders, der sich immer in der
Einen Richtung [390] bewegt (in der Richtung auf »Schuld«,
als der e i n z i g e n Leidens-Causalität); überall das böse
Gewissen, dies »grewliche thier«, mit Luther zu reden;
überall die Vergangenheit zurückgekäut, die That verdreht,
das »grüne Auge« für alles Thun; überall das zum Lebensin-
halt gemachte Missverstehen- W o l l e n des Leidens, dessen
Umdeutung in Schuld-, Furcht- und Strafgefühle; überall
die Geissel, das härene Hemd, der verhungernde Leib, die

Zerknirschung; überall das Sich-selbst-Rädern des Sünders in dem grausamen Räderwerk eines unruhigen, krankhaftlüsternen Gewissens; überall die stumme Qual, die äusserste Furcht, die Agonie des gemarterten Herzens, die Krämpfe eines unbekannten Glücks, der Schrei nach »Erlösung«. In der That, mit diesem System von Prozeduren war die alte Depression, Schwere und Müdigkeit gründlich ü b e r w u n den, das Leben wurde wieder s e h r interessant: wach, ewig wach, übernächtig, glühend, verkohlt, erschöpft und doch nicht müde – so nahm sich der Mensch aus, »der Sünder«, der in d i e s e Mysterien eingeweiht war. Dieser alte grosse Zauberer im Kampf mit der Unlust, der asketische Priester – er hatte ersichtlich gesiegt, s e i n Reich war gekommen: schon klagte man nicht mehr g e g e n den Schmerz, man l e c h z t e nach dem Schmerz; »m e h r Schmerz! m e h r Schmerz!« so schrie das Verlangen seiner Jünger und Eingeweihten Jahrhunderte lang. Jede Ausschweifung des Gefühls, die wehe that, Alles was zerbrach, umwarf, zermalmte, entrückte, verzückte, das Geheimniss der Folterstätten, die Erfindsamkeit der Hölle selbst – Alles war nunmehr entdeckt, errathen, ausgenützt, Alles stand dem Zauberer zu Diensten, Alles diente fürderhin dem Siege seines Ideals, des asketischen Ideals ... »Mein Reich ist nicht von d i e s e r Welt« – redete er nach wie vor: hatte er wirklich das Recht noch, so zu reden? ... Goethe hat behauptet, es gäbe nur sechs und dreissig tragische Situationen: man erräth daraus, wenn man's sonst nicht wüsste, dass Goethe kein asketischer Priester war. Der – kennt mehr ...

[391]   21.

In Hinsicht auf d i e s e ganze Art der priesterlichen Medikation, die »schuldige« Art, ist jedes Wort Kritik zu viel. Dass eine solche Ausschweifung des Gefühls, wie sie in diesem Falle der asketische Priester seinen Kranken zu verordnen pflegt (unter den heiligsten Namen, wie sich von selbst versteht, insgleichen durchdrungen von der Heiligkeit seines

Zwecks), irgend einem Kranken wirklich g e n ü t z t habe,
wer hätte wohl Lust, eine Behauptung der Art aufrecht zu
halten? Zum Mindesten sollte man sich über das Wort
»nützen« verstehn. Will man damit ausdrücken, ein solches
System von Behandlung habe den Menschen v e r b e s s e r t ,
so widerspreche ich nicht: nur dass ich hinzufüge, was bei
mir »verbessert« heisst – ebenso viel wie »gezähmt«, »ge-
schwächt«, »entmuthigt«, »raffinirt«, »verzärtlicht«, »ent-
mannt« (also beinahe so viel als g e s c h ä d i g t . . .) Wenn es
sich aber in der Hauptsache um Kranke, Verstimmte, Depri-
mirte handelt, so macht ein solches System den Kranken,
gesetzt selbst, dass es ihn »besser« machte, unter allen
Umständen k r ä n k e r ; man frage nur die Irrenärzte, was
eine methodische Anwendung von Buss-Quälereien, Zer-
knirschungen und Erlösungskrämpfen immer mit sich führt.
Insgleichen befrage man die Geschichte: überall, wo der
asketische Priester diese Krankenbehandlung durchgesetzt
hat, ist jedes Mal die Krankhaftigkeit unheimlich schnell in
die Tiefe und Breite gewachsen. Was war immer der
»Erfolg«? Ein zerrüttetes Nervensystem, hinzu zu dem, was
sonst schon krank war; und das im Grössten wie im Kleinsten, bei Einzelnen wie bei Massen. Wir finden im Gefolge
des Buss- und Erlösungs-training ungeheure epileptische
Epidemien, die grössten, von denen die Geschichte weiss,
wie die der St. Veit- und St. Johann-Tänzer des Mittelalters;
wir finden als andre Form seines Nachspiels furchtbare
Lähmungen und Dauer-Depressionen, mit denen unter
Umständen das Temperament eines Volkes oder einer Stadt
(Genf, Basel) ein für alle Mal in sein Gegentheil umschlägt; –
hierher gehört auch die Hexen-[392]Hysterie, etwas dem
Somnambulismus Verwandtes (acht grosse epidemische
Ausbrüche derselben allein zwischen 1564 und 1605) –; wir
finden in seinem Gefolge insgleichen jene todsüchtigen Mas-
sen-Delirien, deren entsetzlicher Schrei »evviva la morte«
über ganz Europa weg gehört wurde, unterbrochen bald von
wollüstigen, bald von zerstörungswüthigen Idiosynkrasien:

wie der gleiche Affektwechsel, mit den gleichen Intermitten-
zen und Umsprüngen auch heute noch überall beobachtet
wird, in jedem Falle, wo die asketische Sündenlehre es
wieder einmal zu einem grossen Erfolge bringt (die religiöse
Neurose erscheint als eine Form des »bösen Wesens«:
daran ist kein Zweifel. Was sie ist? Quaeritur.) In's Grosse
gerechnet, so hat sich das asketische Ideal und sein sublim-
moralischer Cultus, diese geistreichste, unbedenklichste und
gefährlichste Systematisirung aller Mittel der Gefühls-Ausschweifung unter dem Schutz heiliger Absichten auf eine
furchtbare und unvergessliche Weise in die ganze Geschichte
des Menschen eingeschrieben; und leider nicht nur in
seine Geschichte ... Ich wüsste kaum noch etwas Anderes
geltend zu machen, was dermaassen zerstörerisch der Gesundheit und Rassen-Kräftigkeit, namentlich der Europäer, zugesetzt hat als dies Ideal; man darf es ohne alle
Übertreibung das eigentliche Verhängniss in der
Gesundheitsgeschichte des europäischen Menschen nennen.
Höchstens, dass seinem Einflusse noch der spezifisch-ger-
manische Einfluss gleichzusetzen wäre: ich meine die Alko-
hol-Vergiftung Europa's, welche streng mit dem politischen
und Rassen-Übergewicht der Germanen bisher Schritt
gehalten hat (– wo sie ihr Blut einimpften, impften sie auch
ihr Laster ein). – Zudritt in der Reihe wäre die Syphilis zu
nennen, – magno sed proxima intervallo.

22.

Der asketische Priester hat die seelische Gesundheit verdorben, wo er auch nur zur Herrschaft gekommen ist, er hat
folglich [393] auch den Geschmack verdorben in artibus
et litteris, – er verdirbt ihn immer noch. »Folglich«? – Ich
hoffe, man giebt mir dies Folglich einfach zu; zum Mindesten will ich es nicht erst beweisen. Ein einziger Fingerzeig:
er gilt dem Grundbuche der christlichen Litteratur, ihrem
eigentlichen Modell, ihrem »Buche an sich«. Noch inmitten
der griechisch-römischen Herrlichkeit, welche auch eine

Bücher-Herrlichkeit war, Angesichts einer noch nicht verkümmerten und zertrümmerten antiken Schriften-Welt, zu
einer Zeit, da man noch einige Bücher lesen konnte, um
deren Besitz man jetzt halbe Litteraturen eintauschen
würde, wagte es bereits die Einfalt und Eitelkeit christlicher
Agitatoren – man heisst sie Kirchenväter – zu dekretiren:
»auch wir haben unsre klassische Litteratur, wir brauchen die der Griechen nicht«, – und dabei wies man
stolz auf Legendenbücher, Apostelbriefe und apologetische
Traktätlein hin, ungefähr so, wie heute die englische »Heils-
armee« mit einer verwandten Litteratur ihren Kampf gegen
Shakespeare und andre »Heiden« kämpft. Ich liebe das
»neue Testament« nicht, man erräth es bereits; es beunruhigt
mich beinahe, mit meinem Geschmack in Betreff dieses
geschätztesten, überschätztesten Schriftwerks dermaassen
allein zu stehn (der Geschmack zweier Jahrtausende ist
gegen mich): aber was hilft es! »Hier stehe ich, ich kann
nicht anders«, – ich habe den Muth zu meinem schlechten
Geschmack. Das alte Testament – ja das ist ganz etwas
Anderes: alle Achtung vor dem alten Testament! In ihm
finde ich grosse Menschen, eine heroische Landschaft und
Etwas vom Allerseltensten auf Erden, die unvergleichliche
Naïvetät des starken Herzens; mehr noch, ich finde
ein Volk. Im neuen dagegen lauter kleine Sekten-Wirth-
schaft, lauter Rokoko der Seele, lauter Verschnörkeltes,
Winkliges, Wunderliches, lauter Conventikel-Luft, nicht zu
vergessen einen gelegentlichen Hauch bukolischer Süsslich-
keit, welcher der Epoche (und der römischen Provinz)
angehört und nicht sowohl jüdisch als hellenistisch ist.
Demuth und Wichtigthuerei dicht nebeneinander; eine
Geschwätzigkeit des [394] Gefühls, die fast betäubt; Leiden-
schaftlichkeit, keine Leidenschaft; peinliches Gebärdenspiel;
hier hat ersichtlich jede gute Erziehung gefehlt. Wie darf
man von seinen kleinen Untugenden so viel Wesens machen,
wie es diese frommen Männlein thun! Kein Hahn kräht
darnach; geschweige denn Gott. Zuletzt wollen sie gar noch

»die Krone des ewigen Lebens« haben, alle diese kleinen
Leute der Provinz: wozu doch? wofür doch? man kann die
Unbescheidenheit nicht weiter treiben. Ein »unsterblicher«
Petrus: wer hielte d e n aus! Sie haben einen Ehrgeiz, der
lachen macht: d a s käut sein Persönlichstes, seine Dumm-
heiten, Traurigkeiten und Eckensteher-Sorgen vor, als ob
das An-sich-der-Dinge verpflichtet sei, sich darum zu kümmern, d a s wird nicht müde, Gott selber in den kleinsten
Jammer hinein zu wickeln, in dem sie drin stecken. Und
dieses beständige Auf-du-und-du mit Gott des schlechtesten
Geschmacks! Diese jüdische, nicht bloss jüdische Zudring-
lichkeit gegen Gott mit Maul und Tatze! . . . Es giebt kleine
verachtete »Heidenvölker« im Osten Asien's, von denen
diese ersten Christen etwas Wesentliches hätten lernen können, etwas T a k t der Ehrfurcht; jene erlauben sich nicht,
wie christliche Missionare bezeugen, den Namen ihres Gottes überhaupt in den Mund zu nehmen. Dies dünkt mich
delikat genug; gewiss ist, dass es nicht nur für »erste«
Christen zu delikat ist: man erinnere sich doch etwa, um den
Gegensatz zu spüren, an Luther, diesen »beredtesten« und
unbescheidensten Bauer, den Deutschland gehabt hat, und
an die Lutherische Tonart, die gerade ihm in seinen Zwie-
gesprächen mit Gott am besten gefiel. Luther's Widerstand
gegen die Mittler-Heiligen der Kirche (insbesondere gegen
»des Teuffels Saw den Bapst«) war, daran ist kein Zweifel,
im letzten Grunde der Widerstand eines Rüpels, den die
g u t e E t i q u e t t e der Kirche verdross, jene Ehrfurchts-
Etiquette des hieratischen Geschmacks, welche nur die
Geweihteren und Schweigsameren in das Allerheiligste ein-
lässt und es gegen die Rüpel zuschliesst. Diese sollen ein für
alle Mal gerade hier nicht das Wort haben, – aber Luther,
der Bauer, [395] wollte es schlechterdings anders, so war es
ihm nicht d e u t s c h genug: er wollte vor Allem direkt
reden, selber reden, »ungenirt« mit seinem Gotte reden . . .
Nun, er hat's gethan. – Das asketische Ideal, man erräth es
wohl, war niemals und nirgendswo eine Schule des guten

Geschmacks, noch weniger der guten Manieren, – es war im
besten Fall eine Schule der hieratischen Manieren –: das
macht, es hat selber Etwas im Leibe, das allen guten Manieren todfeind ist, – Mangel an Maass, Widerwillen gegen
Maass, es ist selbst ein »non plus ultra«.

23.

Das asketische Ideal hat nicht nur die Gesundheit und den
Geschmack verdorben, es hat noch etwas Drittes, Viertes,
Fünftes, Sechstes verdorben – ich werde mich hüten zu
sagen w a s Alles (wann käme ich zu Ende!). Nicht was dies
Ideal g e w i r k t hat, soll hier von mir an's Licht gestellt
werden; vielmehr ganz allein nur, was es b e d e u t e t, worauf es rathen lässt, was hinter ihm, unter ihm, in ihm
versteckt liegt, wofür es der vorläufige, undeutliche, mit
Fragezeichen und Missverständnissen überladne Ausdruck
ist. Und nur in Hinsicht auf d i e s e n Zweck durfte ich
meinen Lesern einen Blick auf das Ungeheure seiner Wirkungen, auch seiner verhängnisvollen Wirkungen nicht
ersparen: um sie nämlich zum letzten und furchtbarsten
Aspekt vorzubereiten, den die Frage nach der Bedeutung
jenes Ideals für mich hat. Was bedeutet eben die M a c h t
jenes Ideals, das U n g e h e u r e seiner Macht? Weshalb ist
ihm in diesem Maasse Raum gegeben worden? weshalb nicht
besser Widerstand geleistet worden? Das asketische Ideal
drückt einen Willen aus: w o ist der gegnerische Wille, in
dem sich ein g e g n e r i s c h e s I d e a l ausdrückte? Das
asketische Ideal hat ein Z i e l, – dasselbe ist allgemein
genug, dass alle Interessen des menchlichen Daseins sonst,
an ihm gemessen, kleinlich und eng erscheinen; es legt
sich Zeiten, Völker, Menschen unerbittlich auf dieses Eine
[396] Ziel hin aus, es lässt keine andere Auslegung, kein andres Ziel gelten, es verwirft, verneint, bejaht, bestätigt allein
im Sinne s e i n e r Interpretation (– und gab es je ein zu Ende
gedachteres System von Interpretation?); es unterwirft sich
keiner Macht, es glaubt vielmehr an sein Vorrecht vor jeder

Macht, an seine unbedingte Rang-Distanz in Hinsicht auf jede Macht, – es glaubt daran, dass Nichts auf Erden von Macht da ist, das nicht von ihm aus erst einen Sinn, ein Daseins-Recht, einen Werth zu empfangen habe, als Werkzeug zu seinem Werke, als Weg und Mittel zu seinem Ziele, zu Einem Ziele ... Wo ist das Gegenstück zu diesem geschlossenen System von Wille, Ziel und Interpretation? Warum fehlt das Gegenstück? ... Wo ist das andre »Eine Ziel«? ... Aber man sagt mir, es fehle nicht, es habe nicht nur einen langen glücklichen Kampf mit jenem Ideale gekämpft, es sei vielmehr in allen Hauptsachen bereits über jenes Ideal Herr geworden: unsre ganze moderne Wissenschaft sei das Zeugniss dafür, – diese moderne Wissenschaft, welche, als eine eigentliche Wirklichkeits-Philosophie, ersichtlich allein an sich selber glaube, ersichtlich den Muth zu sich, den Willen zu sich besitze und gut genug bisher ohne Gott, Jenseits und verneinende Tugenden ausgekommen sei. Indessen mit solchem Lärm und Agitatoren-Geschwätz richtet man Nichts bei mir aus: diese Wirklichkeits-Trompeter sind schlechte Musikanten, ihre Stimmen kommen hörbar genug nicht aus der Tiefe, aus ihnen redet nicht der Abgrund des wissenschaftlichen Gewissens – denn heute ist das wissenschaftliche Gewissen ein Abgrund –, das Wort »Wissenschaft« ist in solchen Trompeter-Mäulern einfach eine Unzucht, ein Missbrauch, eine Schamlosigkeit. Gerade das Gegentheil von dem, was hier behauptet wird, ist die Wahrheit: die Wissenschaft hat heute schlechterdings keinen Glauben an sich, geschweige ein Ideal über sich, – und wo sie überhaupt noch Leidenschaft, Liebe, Gluth, Leiden ist, da ist sie nicht der Gegensatz jenes asketischen Ideals, vielmehr dessen jüngste und vornehm [397]ste Form selber. Klingt euch das fremd? ... Es giebt ja genug braves und bescheidenes Arbeiter-Volk auch unter den Gelehrten von Heute, dem sein kleiner Winkel gefällt, und das darum, weil es ihm darin gefällt, bisweilen ein wenig unbescheiden mit der

Forderung laut wird, man s o l l e überhaupt heute zufrieden
sein, zumal in der Wissenschaft, – es gäbe da gerade so viel
Nützliches zu thun. Ich widerspreche nicht; am wenigsten
möchte ich diesen ehrlichen Arbeitern ihre Lust am Handwerk verderben: denn ich freue mich ihrer Arbeit. Aber
damit, dass jetzt in der Wissenschaft streng gearbeitet wird
und dass es zufriedne Arbeiter giebt, ist schlechterdings
n i c h t bewiesen, dass die Wissenschaft als Ganzes heute ein
Ziel, einen Willen, ein Ideal, eine Leidenschaft des grossen
Glaubens habe. Das Gegentheil, wie gesagt, ist der Fall: wo
sie nicht die jüngste Erscheinungsform des asketischen Ideals ist, – es handelt sich da um zu seltne, vornehme, ausge-
suchte Fälle, als dass damit das Gesammturtheil umgebogen
werden könnte – ist die Wissenschaft heute ein V e r s t e c k
für alle Art Missmuth, Unglauben, Nagewurm, despectio
sui, schlechtes Gewissen, – sie ist die U n r u h e der Ideallo-
sigkeit selbst, das Leiden am M a n g e l der grossen Liebe,
das Ungenügen an einer u n f r e i w i l l i g e n Genügsamkeit.
Oh was verbirgt heute nicht Alles Wissenschaft! wie viel
s o l l sie mindestens verbergen! Die Tüchtigkeit unsrer
besten Gelehrten, ihr besinnungsloser Fleiss, ihr Tag und
Nacht rauchender Kopf, ihre Handwerks-Meisterschaft
selbst – wie oft hat das Alles seinen eigentlichen Sinn darin,
sich selbst irgend Etwas nicht mehr sichtbar werden zu
lassen! Die Wissenschaft als Mittel der Selbst-Betäubung:
k e n n t i h r d a s ? . . . Man verwundet sie – Jeder erfährt es,
der mit Gelehrten umgeht – mitunter durch ein harmloses
Wort bis auf den Knochen, man erbittert seine gelehrten
Freunde gegen sich, im Augenblick, wo man sie zu ehren
meint, man bringt sie ausser Rand und Band, bloss weil man
zu grob war, um zu errathen, mit wem man es eigentlich zu
thun hat, mit L e i d e n d e n, die es sich selbst nicht eingestehn wol[398]len, was sie sind, mit Betäubten und Besin-
nungslosen, die nur Eins fürchten: zum B e w u s s t s e i n
zu k o m m e n . . .

24.

– Und nun sehe man sich dagegen jene seltneren Fälle an, von denen ich sprach, die letzten Idealisten, die es heute unter Philosophen und Gelehrten giebt: hat man in ihnen vielleicht die gesuchten G e g n e r des asketischen Ideals, dessen G e g e n - I d e a l i s t e n? In der That, sie g l a u b e n sich als solche, diese »Ungläubigen« (denn das sind sie allesammt); es scheint gerade Das ihr letztes Stück Glaube, Gegner dieses Ideals zu sein, so ernsthaft sind sie an dieser Stelle, so leidenschaftlich wird da gerade ihr Wort, ihre Gebärde: – brauchte es deshalb schon w a h r zu sein, was sie glauben? ... Wir »Erkennenden« sind nachgerade misstrauisch gegen alle Art Gläubige; unser Misstrauen hat uns allmählich darauf eingeübt, umgekehrt zu schliessen, als man ehedem schloss: nämlich überall, wo die Stärke eines Glaubens sehr in den Vordergrund tritt, auf eine gewisse Schwäche der Beweisbarkeit, auf U n w a h r s c h e i n l i c h - k e i t selbst des Geglaubten zu schliessen. Auch wir leugnen nicht, dass der Glaube »selig macht«: e b e n d e s h a l b leugnen wir, dass der Glaube Etwas b e w e i s t, – ein starker Glaube, der selig macht, ist ein Verdacht gegen Das, woran er glaubt, er begründet nicht »Wahrheit«, er begründet eine gewisse Wahrscheinlichkeit – der T ä u s c h u n g. Wie steht es nun in diesem Falle? – Diese Verneinenden und Abseitigen von Heute, diese Unbedingten in Einem, im Anspruch auf intellektuelle Sauberkeit, diese harten, stren- gen, enthaltsamen, heroischen Geister, welche die Ehre unsrer Zeit ausmachen, alle diese blassen Atheisten, Anti- christen, Immoralisten, Nihilisten, diese Skeptiker, Ephek- tiker, H e k t i k e r des Geistes (letzteres sind sie sammt und sonders, in irgend einem Sinne), diese letzten Idealisten der Erkenntnis, in denen allein heute das intellektuelle Ge- [399]wissen wohnt und leibhaft ward, – sie glauben sich in der That so losgelöst als möglich vom asketischen Ideale, diese »freien, s e h r freien Geister«: und doch, dass ich ihnen verrathe, was sie selbst nicht sehen können – denn sie

stehen sich zu nahe – dies Ideal ist gerade auch ihr Ideal, sie
selbst stellen es heute dar, und Niemand sonst vielleicht, sie
selbst sind seine vergeistigtste Ausgeburt, seine vorgescho-
benste Krieger- und Kundschafter-Schaar, seine verfäng-
lichste, zarteste, unfasslichste Verführungsform: – wenn ich
irgend worin Räthselrather bin, so will ich es mit diesem
Satze sein!... Das sind noch lange keine freien Geister:
denn sie glauben noch an die Wahrheit... Als
die christlichen Kreuzfahrer im Orient auf jenen unbesieg-
baren Assassinen-Orden stiessen, jenen Freigeister-Orden
par excellence, dessen unterste Grade in einem Gehorsame
lebten, wie einen gleichen kein Mönchsorden erreicht hat,
da bekamen sie auf irgend welchem Wege auch einen Wink
über jenes Symbol und Kerbholz-Wort, das nur den ober-
sten Graden, als deren Secretum, vorbehalten war: »Nichts
ist wahr, Alles ist erlaubt«... Wohlan, das war Freiheit des Geistes, damit war der Wahrheit selbst der
Glaube gekündigt... Hat wohl je schon ein europäi-
scher, ein christlicher Freigeist sich in diesen Satz und seine
labyrinthischen Folgerungen verirrt? kennt er den
Minotauros dieser Höhle aus Erfahrung?... Ich
zweifle daran, mehr noch, ich weiss es anders: – Nichts ist
diesen Unbedingten in Einem, diesen sogenannten
»freien Geistern« gerade fremder als Freiheit und Entfesse-
lung in jenem Sinne, in keiner Hinsicht sind sie gerade fester
gebunden, im Glauben gerade an die Wahrheit sind sie, wie
Niemand anders sonst, fest und unbedingt. Ich kenne dies
Alles vielleicht zu sehr aus der Nähe: jene verehrenswürdige
Philosophen-Enthaltsamkeit, zu der ein solcher Glaube verpflichtet, jener Stoicismus des Intellekts, der sich das Nein
zuletzt eben so streng verbietet wie das Ja, jenes Stehenblei-
ben-Wollen vor dem Thatsächlichen, dem factum bru-
tum, jener Fatalismus der »petits faits« (ce [400] petit faita-
lisme, wie ich ihn nenne), worin die französische Wissenschaft jetzt eine Art moralischen Vorrangs vor der deutschen
sucht, jenes Verzichtleisten auf Interpretation überhaupt

(auf das Vergewaltigen, Zurechtschieben, Abkürzen, Weglassen, Ausstopfen, Ausdichten, Umfälschen und was sonst zum Wesen alles Interpretirens gehört) – das drückt, in's Grosse gerechnet, ebensogut Ascetismus der Tugend aus, wie irgend eine Verneinung der Sinnlichkeit (es ist im Grunde nur ein modus dieser Verneinung). Was aber zu ihm zwingt, jener unbedingte Wille zur Wahrheit, das ist der Glaube an das asketische Ideal selbst, wenn auch als sein unbewusster Imperativ, man täusche sich hierüber nicht, – das ist der Glaube an einen metaphysischen Werth, einen Werth an sich der Wahrheit, wie er allein in jenem Ideal verbürgt und verbrieft ist (er steht und fällt mit jenem Ideal). Es giebt, streng geurtheilt, gar keine »voraussetzungslose« Wissenschaft, der Gedanke einer solchen ist unausdenkbar, paralogisch: eine Philosophie, ein »Glaube« muss immer erst da sein, damit aus ihm die Wissenschaft eine Richtung, einen Sinn, eine Grenze, eine Methode, ein Recht auf Dasein gewinnt. (Wer es umgekehrt versteht, wer zum Beispiel sich anschickt, die Philosophie »auf streng wissenschaftliche Grundlage« zu stellen, der hat dazu erst nöthig, nicht nur die Philosophie, sondern auch die Wahrheit selber auf den Kopf zu stellen: die ärgste Anstands-Verletzung, die es in Hinsicht auf zwei so ehrwürdige Frauenzimmer geben kann!) Ja, es ist kein Zweifel – und hiermit lasse ich meine »fröhliche Wissenschaft« zu Worte kommen, vergl. deren fünftes Buch S. 263 – »der Wahrhaftige, in jenem verwegenen und letzten Sinne, wie ihn der Glaube an die Wissenschaft voraussetzt, bejaht damit eine andre Welt als die des Lebens, der Natur und der Geschichte; und insofern er diese »andre Welt« bejaht, wie? muss er nicht eben damit ihr Gegenstück, diese Welt, unsre Welt – verneinen? . . . Es ist immer noch ein metaphysischer Glaube, auf dem unser Glaube an die Wis[401]senschaft ruht, – auch wir Erkennenden von Heute, wir Gottlosen und Antimetaphysiker, auch wir nehmen unser Feuer noch von jenem Brande, den ein Jahrtau-

sende alter Glaube entzündet hat, jener Christen-Glaube,
der auch der Glaube Plato's war, dass Gott die Wahrheit ist,
dass die Wahrheit göttlich ist ... Aber wie, wenn gerade
dies immer mehr unglaubwürdig wird, wenn Nichts sich
mehr als göttlich erweist, es sei denn der Irrthum, die
Blindheit, die Lüge, – wenn Gott selbst sich als unsre
längste Lüge erweist?« – – An dieser Stelle thut es Noth,
Halt zu machen und sich lange zu besinnen. Die Wissenschaft selber bedarf nunmehr einer Rechtfertigung (womit noch nicht einmal gesagt sein soll, dass es eine solche für
sie giebt). Man sehe sich auf diese Frage die ältesten und die
jüngsten Philosophien an: in ihnen allen fehlt ein Bewusstsein darüber, inwiefern der Wille zur Wahrheit selbst erst
einer Rechtfertigung bedarf, hier ist eine Lücke in jeder
Philosophie – woher kommt das? Weil das asketische Ideal
über alle Philosophie bisher Herr war, weil Wahrheit als
Sein, als Gott, als oberste Instanz selbst gesetzt wurde, weil
Wahrheit gar nicht Problem sein durfte. Versteht man dies
»durfte«? – Von dem Augenblick an, wo der Glaube an den
Gott des asketischen Ideals verneint ist, giebt es auch
ein neues Problem: das vom Werthe der Wahrheit.
– Der Wille zur Wahrheit bedarf einer Kritik – bestimmen
wir hiermit unsre eigene Aufgabe –, der Werth der Wahrheit
ist versuchsweise einmal in Frage zu stellen ... (Wem
dies zu kurz gesagt scheint, dem sei empfohlen, jenen
Abschnitt der »fröhlichen Wissenschaft« nachzulesen, welcher den Titel trägt: »Inwiefern auch wir noch fromm sind«
S. 260 ff, am besten das ganze fünfte Buch des genannten
Werks, insgleichen die Vorrede zur »Morgenröthe«.)

[402]   25.

Nein! Man komme mir nicht mit der Wissenschaft, wenn ich
nach dem natürlichen Antagonisten des asketischen Ideals
suche, wenn ich frage: »wo ist der gegnerische Wille, in
dem sich sein gegnerisches Ideal ausdrückt?« Dazu
steht die Wissenschaft lange nicht genug auf sich selber, sie

bedarf in jedem Betrachte erst eines Werth-Ideals, einer wertheschaffenden Macht, in deren Dienste sie an sich selber glauben darf, – sie selbst ist niemals wertheschaffend. Ihr Verhältniss zum asketischen Ideal ist an sich durchaus noch nicht antagonistisch; sie stellt in der Hauptsache sogar eher noch die vorwärtstreibende Kraft in dessen innerer Ausgestaltung dar. Ihr Widerspruch und Kampf bezieht sich, feiner geprüft, gar nicht auf das Ideal selbst, sondern nur auf dessen Aussenwerke, Einkleidung, Maskenspiel, auf dessen zeitweilige Verhärtung, Verholzung, Verdogmatisirung – sie macht das Leben in ihm wieder frei, indem sie das Exoterische an ihm verneint. Diese Beiden, Wissenschaft und asketisches Ideal, sie stehen ja auf Einem Boden – ich gab dies schon zu verstehn –: nämlich auf der gleichen Überschätzung der Wahrheit (richtiger: auf dem gleichen Glauben an die Unabschätzbarkeit, Unkritisirbarkeit der Wahrheit), eben damit sind sie sich nothwendig Bundesgenossen, – so dass sie, gesetzt, dass sie bekämpft werden, auch immer nur gemeinsam bekämpft und in Frage gestellt werden können. Eine Werthabschätzung des asketischen Ideals zieht unvermeidlich auch eine Werthabschätzung der Wissenschaft nach sich: dafür mache man sich bei Zeiten die Augen hell, die Ohren spitz! (Die Kunst, vorweg gesagt, denn ich komme irgendwann des Längeren darauf zurück, – die Kunst, in der gerade die Lüge sich heiligt, der Wille zur Täuschung das gute Gewissen zur Seite hat, ist dem asketischen Ideale viel grundsätzlicher entgegengestellt als die Wissenschaft: so empfand es der Instinkt Plato's, dieses grössten Kunstfeindes, den Europa bisher hervorgebracht hat. Plato gegen Homer: das ist der ganze, der ächte Ant[403]agonismus – dort der »Jenseitige« besten Willens, der grosse Verleumder des Lebens, hier dessen unfreiwilliger Vergöttlicher, die goldene Natur. Eine Künstler-Dienstbarkeit im Dienste des asketischen Ideals ist deshalb die eigentlichste Künstler-Corruption, die es geben kann, leider eine der allergewöhnlichsten: denn Nichts ist corruptibler, als ein Künstler.) Auch physiologisch nachgerechnet, ruht die Wissenschaft auf dem gleichen Boden wie das asketische Ideal: eine gewisse Verarmung des Lebens ist hier wie dort die Voraussetzung, – die Affekte kühl geworden, das tempo verlangsamt, die Dialektik an Stelle des Instinktes, der Ernst den Gesichtern und Gebärden aufgedrückt (der Ernst, dieses unmissverständlichste Abzeichen des mühsameren Stoffwechsels, des ringenden, schwerer arbeitenden Lebens). Man sehe sich die Zeiten eines Volkes an, in denen der Gelehrte in den Vordergrund tritt: es sind Zeiten der Ermüdung, oft des Abends, des Niederganges, – die überströmende Kraft, die Lebens-Gewissheit, die Zukunfts-Gewissheit sind dahin. Das Übergewicht des Mandarinen bedeutet niemals etwas Gutes: so wenig als die Heraufkunft der Demokratie, der Friedens-Schiedsgerichte an Stelle der Kriege, der Frauen-Gleichberechtigung, der Religion des Mitleids und was es sonst Alles für Symptome des absinkenden Lebens giebt. (Wissenschaft als Problem gefasst; was bedeutet Wissenschaft? – vergl. darüber die Vorrede zur »Geburt der Tragödie«.) – Nein! diese »moderne Wissenschaft« – macht euch nur dafür die Augen auf! – ist einstweilen die beste Bundesgenossin des asketischen Ideals, und gerade deshalb, weil sie die unbewussteste, die unfreiwilligste, die heimlichste und unterirdischste ist! Sie haben bis jetzt Ein Spiel gespielt, die »Armen des Geistes« und die wissenschaftlichen Widersacher jenes Ideals (man hüte sich, anbei gesagt, zu denken, dass sie deren Gegensatz seien, etwa als die Reichen des Geistes: – das sind sie nicht, ich nannte sie Hektiker des Geistes). Diese berühmten Siege der letzteren: unzweifelhaft, es sind Siege – aber worüber? Das asketische Ideal wurde ganz [404] und gar nicht in ihnen besiegt, es wurde eher damit stärker, nämlich unfasslicher, geistiger, verfänglicher gemacht, dass immer wieder eine Mauer, ein Aussenwerk, das sich an dasselbe angebaut hatte und seinen Aspekt vergröberte, seitens der

Wissenschaft schonungslos abgelöst, abgebrochen worden ist. Meint man in der That, dass etwa die Niederlage der theologischen Astronomie eine Niederlage jenes Ideals bedeute? ... Ist damit vielleicht der Mensch w e n i g e r b e - d ü r f t i g nach einer Jenseitigkeits-Lösung seines Räthsels von Dasein geworden, dass dieses Dasein sich seitdem noch beliebiger, eckensteherischer, entbehrlicher in der s i c h t - b a r e n Ordnung der Dinge ausnimmt? Ist nicht gerade die Selbstverkleinerung des Menschen, sein W i l l e zur Selbstverkleinerung seit Kopernikus in einem unaufhaltsamen Fortschritte? Ach, der Glaube an seine Würde, Einzigkeit, Unersetzlichkeit in der Rangabfolge der Wesen ist dahin, – er ist T h i e r geworden, Thier, ohne Gleichniss, Abzug und Vorbehalt, er, der in seinem früheren Glauben beinahe Gott (»Kind Gottes«, »Gottmensch«) war ... Seit Kopernikus scheint der Mensch auf eine schiefe Ebene gerathen, – er rollt immer schneller nunmehr aus dem Mittelpunkte weg – wohin? in's Nichts? in's »d u r c h b o h r e n d e Gefühl seines Nichts«? ... Wohlan! dies eben wäre der gerade Weg – in's a l t e Ideal? ... A l l e Wissenschaft (und keineswegs nur die Astronomie, über deren demüthigende und herunterbringende Wirkung Kant ein bemerkenswerthes Geständniss gemacht hat, »sie vernichtet meine Wichtigkeit« ...), alle Wissenschaft, die natürliche sowohl, wie die u n n a t ü r l i - c h e – so heisse ich die Erkenntniss-Selbstkritik – ist heute darauf aus, dem Menschen seine bisherige Achtung vor sich auszureden, wie als ob dieselbe Nichts als ein bizarrer Eigendünkel gewesen sei; man könnte sogar sagen, sie habe ihren eigenen Stolz, ihre eigene herbe Form von stoischer Ataraxie darin, diese mühsam errungene S e l b s t - v e r a c h t u n g des Menschen als dessen letzten, ernstesten Anspruch auf Achtung bei sich selbst aufrecht zu erhalten (mit Recht, in der [405] That: denn der Verachtende ist immer noch Einer, der »das Achten nicht verlernt hat« ...). Wird damit dem asketischen Ideale eigentlich e n t g e g e n - g e a r b e i t e t? Meint man wirklich alles Ernstes noch (wie

es die Theologen eine Zeit lang sich einbildeten), dass etwa
Kant's Sieg über die theologische Begriffs-Dogmatik
(»Gott«, »Seele«, »Freiheit«, »Unsterblichkeit«) jenem
Ideale Abbruch gethan habe? – wobei es uns einstweilen
Nichts angehen soll, ob Kant selber etwas Derartiges über-
haupt auch nur in Absicht gehabt hat. Gewiss ist, dass alle
Art Transcendentalisten seit Kant wieder gewonnenes Spiel
haben, – sie sind von den Theologen emancipirt: welches
Glück! – er hat ihnen jenen Schleichweg verrathen, auf dem
sie nunmehr auf eigne Faust und mit dem besten wissenschaftlichen Anstande den »Wünschen ihres Herzens« nach-
gehen dürfen. Insgleichen: wer dürfte es nunmehr den
Agnostikern verargen, wenn sie, als die Verehrer des Unbekannten und Geheimnissvollen an sich, das Fragezeichen selbst jetzt als Gott anbeten? (Xaver Doudan
spricht einmal von den ravages, welche »l'habitude d'admirer l'inintelligible au lieu de rester tout simplement dans
l'inconnu« angerichtet habe; er meint, die Alten hätten
dessen entrathen.) Gesetzt, dass Alles, was der Mensch
»erkennt«, seinen Wünschen nicht genug thut, ihnen vielmehr widerspricht und Schauder macht, welche göttliche
Ausflucht, die Schuld davon nicht im »Wünschen«, sondern
im »Erkennen« suchen zu dürfen! ... »Es giebt kein Erkennen: folglich – giebt es einen Gott«: welche neue elegan-
tia syllogismi! welcher Triumph des asketischen Ideals! –

26.

– Oder zeigte vielleicht die gesammte moderne Geschichts-
schreibung eine lebensgewissere, idealgewissere Haltung?
Ihr vornehmster Anspruch geht jetzt dahin, Spiegel zu
sein; sie lehnt alle Theologie ab; sie will Nichts mehr
»beweisen«; sie ver[406]schmäht es, den Richter zu spielen,
und hat darin ihren guten Geschmack, – sie bejaht so wenig
als sie verneint, sie stellt fest, sie »beschreibt« ... Dies Alles
ist in einem hohen Grade asketisch; es ist aber zugleich in
einem noch höheren Grade nihilistisch, darüber täu-

sche man sich nicht! Man sieht einen traurigen, harten, aber
entschlossenen Blick, – ein Auge, das h i n a u s s c h a u t,
wie ein vereinsamter Nordpolfahrer hinausschaut (vielleicht um nicht hineinzuschauen? um nicht zurückzu-
schauen? . . .). Hier ist Schnee, hier ist das Leben verstummt;
die letzten Krähen, die hier laut werden, heissen »Wozu?«,
»Umsonst!«, »Nada!« – hier gedeiht und wächst Nichts
mehr, höchstens Petersburger Metapolitik und Tolstoi'sches
»Mitleid«. Was aber jene andre Art von Historikern betrifft,
eine vielleicht noch »modernere« Art, eine genüssliche, wol-
lüstige, mit dem Leben ebenso sehr als mit dem asketischen
Ideal liebäugelnde Art, welche das Wort »Artist« als Hand-
schuh gebraucht und heute das Lob der Contemplation ganz
und gar für sich in Pacht genommen hat: oh welchen Durst
erregen diese süssen Geistreichen selbst noch nach Asketen
und Winterlandschaften! Nein! dies »beschauliche« Volk
mag sich der Teufel holen! Um wie viel lieber will ich noch
mit jenen historischen Nihilisten durch die düstersten
grauen kalten Nebel wandern! – ja, es soll mir nicht darauf
ankommen, gesetzt, dass ich wählen muss, selbst einem
ganz eigentlich Unhistorischen, Widerhistorischen Gehör
zu schenken (wie jenem Dühring, an dessen Tönen sich im
heutigen Deutschland eine bisher noch schüchterne, noch
uneingeständliche Species »schöner Seelen« berauscht, die
Species anarchistica innerhalb des gebildeten Proletariats).
Hundert Mal schlimmer sind die »Beschaulichen« –: ich
wüsste Nichts, was so sehr Ekel machte, als solch ein
»objektiver« Lehnstuhl, solch ein duftender Genüssling vor
der Historie, halb Pfaff, halb Satyr, Parfum Renan, der
schon mit dem hohen Falsett seines Beifalls verräth, was ihm
abgeht, w o es ihm abgeht, w o in diesem Falle die Parze
ihre grausame Scheere ach! allzu chirurgisch gehandhabt hat!
Das geht mir wider den Ge[407]schmack, auch wider die
Geduld: behalte bei solchen Aspekten seine Geduld, wer
Nichts an ihr zu verlieren hat, – mich ergrimmt solch ein
Aspekt, solche »Zuschauer« erbittern mich gegen das

»Schauspiel«, mehr noch als das Schauspiel (die Historie
selbst, man versteht mich), unversehens kommen mir dabei anakreontische Launen. Diese Natur, die dem Stier das
Horn, dem Löwen das χάσμ' ὀδόντων gab, wozu gab mir
die Natur den Fuss? ... Zum Treten, beim heiligen Ana-
kreon! und nicht nur zum Davonlaufen: zum Zusammen-
treten der morschen Lehnstühle, der feigen Beschaulich-
keit, des lüsternen Eunuchenthums vor der Historie, der
Liebäugelei mit asketischen Idealen, der Gerechtigkeits-Tar-
tüfferie der Impotenz! Alle meine Ehrfurcht dem asketischen Ideale, sofern es ehrlich ist! so lange es an sich
selber glaubt und uns keine Possen vormacht! Aber ich mag
alle diese koketten Wanzen nicht, deren Ehrgeiz unersättlich
darin ist, nach dem Unendlichen zu riechen, bis zuletzt das
Unendliche nach Wanzen riecht; ich mag die übertünchten
Gräber nicht, die das Leben schauspielern; ich mag die
Müden und Vernutzten nicht, welche sich in Weisheit ein-
wickeln und »objektiv« blicken; ich mag die zu Helden
aufgeputzten Agitatoren nicht, die eine Tarnkappe von Ideal
um ihren Strohwisch von Kopf tragen; ich mag die ehrgeizigen Künstler nicht, die den Asketen und Priester bedeuten
möchten und im Grunde nur tragische Hanswürste sind; ich
mag auch sie nicht, diese neuesten Spekulanten in Idealismus, die Antisemiten, welche heute ihre Augen christlich-
arisch-biedermännisch verdrehn und durch einen jede Geduld erschöpfenden Missbrauch des wohlfeilsten Agita-
tionsmittels, der moralischen Attitüde, alle Hornvieh-Ele-
mente des Volkes aufzuregen suchen (– dass jede Art
Schwindel-Geisterei im heutigen Deutschland nicht ohne
Erfolg bleibt, hängt mit der nachgerade unleugbaren und
bereits handgreiflichen Verödung des deutschen Geistes
zusammen, deren Ursache ich in einer allzuausschliesslichen
Ernährung mit Zeitungen, Politik, Bier und Wagnerischer
Musik suche, hinzugerechnet, was die [408] Voraussetzung
für diese Diät abgiebt: einmal die nationale Einklemmung
und Eitelkeit, das starke, aber enge Princip »Deutschland,

Deutschland über Alles«, sodann aber die Paralysis agitans der »modernen Ideen«). Europa ist heute reich und erfinderisch vor Allem in Erregungsmitteln, es scheint Nichts nöthiger zu haben als Stimulantia und gebrannnte Wasser: daher auch die ungeheure Fälscherei in Idealen, diesen gebranntesten Wassern des Geistes, daher auch die widrige, übelriechende, verlogne, pseudoalkoholische Luft überall. Ich möchte wissen, wie viel Schiffsladungen von nachgemachtem Idealismus, von Helden-Kostümen und Klapperblech grosser Worte, wie viel Tonnen verzuckerten spirituosen Mitgefühls (Firma: la religion de la souffrance), wie viel Stelzbeine »edler Entrüstung« zur Nachhülfe geistig Plattfüssiger, wie viel Komödianten des christlich-moralischen Ideals heute aus Europa exportirt werden müssten, damit seine Luft wieder reinlicher röche ... Ersichtlich steht in Hinsicht auf diese Überproduktion eine neue Handels-Möglichkeit offen, ersichtlich ist mit kleinen Ideal-Götzen und zugehörigen »Idealisten« ein neues »Geschäft« zu machen – man überhöre diesen Zaunspfahl nicht! Wer hat Muth genug dazu? – wir haben es in der Hand, die ganze Erde zu »idealisiren«! ... Aber was rede ich von Muth: hier thut Eins nur Noth, eben die Hand, eine unbefangne, eine sehr unbefangne Hand ...

27.

– Genug! Genug! Lassen wir diese Curiositäten und Complexitäten des modernsten Geistes, an denen ebensoviel zum Lachen als zum Verdriessen ist: gerade unser Problem kann deren entrathen, das Problem von der Bedeutung des asketischen Ideals, – was hat dasselbe mit Gestern und Heute zu thun! Jene Dinge sollen von mir in einem andren Zusammenhange gründlicher und härter angefasst werden (unter dem Titel »Zur Geschichte des europäischen Nihilismus«; ich verweise da[409]für auf ein Werk, das ich vorbereite: Der Wille zur Macht, Versuch einer Umwerthung aller Werthe). Worauf es mir allein ankommt

hier hingewiesen zu haben, ist dies: das asketische Ideal hat
auch in der geistigsten Sphäre einstweilen immer nur noch
Eine Art von wirklichen Feinden und Schädigern: das
sind die Komödianten dieses Ideals, – denn sie wecken
Misstrauen. Überall sonst, wo der Geist heute streng, mächtig und ohne Falschmünzerei am Werke ist, entbehrt er
jetzt überhaupt des Ideals – der populäre Ausdruck für diese
Abstinenz ist »Atheismus« –: abgerechnet seines
Willens zur Wahrheit. Dieser Wille aber, dieser Rest
von Ideal, ist, wenn man mir glauben will, jenes Ideal selbst
in seiner strengsten, geistigsten Formulirung, esoterisch
ganz und gar, alles Aussenwerks entkleidet, somit nicht
sowohl sein Rest, als sein Kern. Der unbedingte redliche
Atheismus (– und seine Luft allein athmen wir, wir geistigeren Menschen dieses Zeitalters!) steht demgemäss nicht
im Gegensatz zu jenem Ideale, wie es den Anschein hat; er
ist vielmehr nur eine seiner letzten Entwicklungsphasen,
eine seiner Schlussformen und inneren Folgerichtigkeiten, –
er ist die Ehrfurcht gebietende Katastrophe einer zwei-
tausendjährigen Zucht zur Wahrheit, welche am Schlusse
sich die Lüge im Glauben an Gott verbietet. (Derselbe Entwicklungsgang in Indien, in vollkommner Unabhängigkeit, und deshalb Etwas beweisend; dasselbe Ideal
zum gleichen Schlusse zwingend; der entscheidende Punkt
fünf Jahrhunderte vor der europäischen Zeitrechnung erreicht, mit Buddha, genauer: schon mit der Sankhyam-Phi-
losophie, diese dann durch Buddha popularisirt und zur Religion gemacht.) Was, in aller Strenge gefragt, hat eigentlich über den christlichen Gott gesiegt? Die Antwort
steht in meiner »fröhlichen Wissenschaft« S. 290: »die
christliche Moralität selbst, der immer strenger genommene
Begriff der Wahrhaftigkeit, die Beichtväter-Feinheit des
christlichen Gewissens, übersetzt und sublimirt zum wissenschaftlichen Gewissen, zur intellektuellen Sauberkeit um
jeden [410] Preis. Die Natur ansehn, als ob sie ein Beweis für
die Güte und Obhut eines Gottes sei; die Geschichte inter-

pretiren zu Ehren einer göttlichen Vernunft, als beständiges
Zeugniss einer sittlichen Weltordnung und sittlicher Schluss-
absichten; die eigenen Erlebnisse auslegen, wie sie fromme
Menschen lange genug ausgelegt haben, wie als ob Alles
Fügung, Alles Wink, Alles dem Heil der Seele zu Liebe
ausgedacht und geschickt sei: das ist nunmehr v o r b e i, das
hat das Gewissen g e g e n sich, das gilt allen feineren Gewissen als unanständig, unehrlich, als Lügnerei, Femininismus,
Schwachheit, Feigheit, – mit dieser Strenge, wenn irgend
womit, sind wir eben g u t e E u r o p ä e r und Erben von
Europa's längster und tapferster Selbstüberwindung« ...
Alle grossen Dinge gehen durch sich selbst zu Grunde,
durch einen Akt der Selbstaufhebung: so will es das Gesetz
des Lebens, das Gesetz der n o t h w e n d i g e n »Selbstüberwindung« im Wesen des Lebens, – immer ergeht zuletzt an
den Gesetzgeber selbst der Ruf: »patere legem, quam ipse
tulisti.« Dergestalt gieng das Christentum a l s D o g m a zu
Grunde, an seiner eignen Moral; dergestalt muss nun auch
das Christenthum a l s M o r a l noch zu Grunde gehn, –
wir stehen an der Schwelle d i e s e s Ereignisses. Nachdem
die christliche Wahrhaftigkeit einen Schluss nach dem andern gezogen hat, zieht sie am Ende ihren s t ä r k s t e n
S c h l u s s, ihren Schluss g e g e n sich selbst; dies aber
geschieht, wenn sie die Frage stellt »w a s b e d e u t e t a l l e r
W i l l e z u r W a h r h e i t ?« ... Und hier rühre ich wieder
an mein Problem, an unser Problem, meine u n b e k a n n -
t e n Freunde (– denn noch w e i s s ich von keinem Freunde): welchen Sinn hätte u n s e r ganzes Sein, wenn nicht
den, dass in uns jener Wille zur Wahrheit sich selbst a l s
P r o b l e m zum Bewusstsein gekommen wäre? ... An diesem Sich-bewusst-werden des Willens zur Wahrheit geht
von nun an – daran ist kein Zweifel – die Moral z u
G r u n d e: jenes grosse Schauspiel in hundert Akten, das
den nächsten zwei Jahrhunderten Europa's [411] aufgespart
bleibt, das furchtbarste, fragwürdigste und vielleicht auch
hoffnungsreichste aller Schauspiele ...

28.

Sieht man vom asketischen Ideale ab: so hatte der Mensch, das Thier Mensch bisher keinen Sinn. Sein Dasein auf Erden enthielt kein Ziel; »wozu Mensch überhaupt?« – war eine Frage ohne Antwort; der Wille für Mensch und Erde fehlte; hinter jedem grossen Menschen-Schicksale klang als Refrain ein noch grösseres »Umsonst!« Das eben bedeutet das asketische Ideal: dass Etwas fehlte, dass eine ungeheure Lücke den Menschen umstand, – er wusste sich selbst nicht zu rechtfertigen, zu erklären, zu bejahen, er litt am Probleme seines Sinns. Er litt auch sonst, er war in der Hauptsache ein krankhaftes Thier: aber nicht das Leiden selbst war sein Problem, sondern dass die Antwort fehlte für den Schrei der Frage »wozu leiden?« Der Mensch, das tapferste und leidgewohnteste Thier, verneint an sich nicht das Leiden: er will es, er sucht es selbst auf, vorausgesetzt, dass man ihm einen Sinn dafür aufzeigt, ein Dazu des Leidens. Die Sinnlosigkeit des Leidens, nicht das Leiden, war der Fluch, der bisher über der Menschheit ausgebreitet lag, – und das asketische Ideal bot ihr einen Sinn! Es war bisher der einzige Sinn; irgend ein Sinn ist besser als gar kein Sinn; das asketische Ideal war in jedem Betracht das »faute de mieux« par excellence, das es bisher gab. In ihm war das Leiden ausgelegt; die ungeheure Leere schien ausgefüllt; die Thür schloss sich vor allem selbstmörderischen Nihilismus zu. Die Auslegung – es ist kein Zweifel – brachte neues Leiden mit sich, tieferes, innerlicheres, giftigeres, am Leben nagenderes: sie brachte alles Leiden unter die Perspektive der Schuld ... Aber trotzalledem – der Mensch war damit gerettet, er hatte einen Sinn, er war fürderhin nicht mehr wie ein Blatt im Winde, ein Spielball des [412] Unsinns, des »Ohne-Sinns«, er konnte nunmehr Etwas wollen, – gleichgültig zunächst, wohin, wozu, womit er wollte: der Wille selbst war gerettet. Man kann sich schlechterdings nicht verbergen, was eigentlich jenes ganze Wollen ausdrückt, das vom asketischen Ideale her seine Richtung bekommen hat: dieser Hass gegen das Menschliche, mehr noch gegen das Thierische, mehr noch gegen das Stoffliche, dieser Abscheu vor den Sinnen, vor der Vernunft selbst, diese Furcht vor dem Glück und der Schönheit, dieses Verlangen hinweg aus allem Schein, Wechsel, Werden, Tod, Wunsch, Verlangen selbst – das Alles bedeutet, wagen wir es, dies zu begreifen, einen Willen zum Nichts, einen Widerwillen gegen das Leben, eine Auflehnung gegen die grundsätzlichsten Voraussetzungen des Lebens, aber es ist und bleibt ein Wille! … Und, um es noch zum Schluss zu sagen, was ich Anfangs sagte: lieber will noch der Mensch das Nichts wollen, als nicht wollen …

Aber es kommen gewiß noch andere Schauspiele, jener letzte und endgültige Tag des Gerichts, jener Tag, der für die Heiden so unerwartet kommt, jener Tag, den sie verspottet haben, wenn diese so gealterte Welt und ihre so vielen Generationen von einem einzigen Feuer verzehrt werden. Was für ein umfassendes Schauspiel wird das dann sein! Was soll ich da bestaunen? Worüber soll ich lachen? Worauf soll sich meine Freude, soll sich mein Jubel richten, wenn ich dabei zuschaue, wenn so viele Könige, deren Aufnahme in den Himmel uns verkündet wurde, gemeinsam mit Jupiter selbst und ihren eigenen Zeugen in tiefster Finsternis laut aufstöhnen? Desgleichen die Beamten, die eine führende Rolle bei der Verfolgung des Namens des Herrn gespielt haben – wenn sie in Flammen zergehen, die noch grausamer sind als diejenigen, mit denen sie voller Hohn gegen die Christen gewütet haben. Wen sehe ich außerdem? Jene weisen Philosophen, wie sie rot werden in Gegenwart ihrer Schüler, die gemeinsam mit ihnen brennen. Sie redeten ihnen ein, Gott kümmere sich um nichts, und behaupteten entweder, es gebe gar keine Seelen, oder, diese würden in ihre früheren Körper nicht zurückkehren. Und dann die Dichter, wie sie ängstlich vor dem Richterstuhl nicht eines Rhadamanthus oder eines Minos, sondern vor demjenigen Christi, mit dem sie nicht gerechnet haben, zittern? Dann werden die Tragöden noch vernehmlicher zu hören sein, weil sie natürlich bei ihrem eigenen Unglück noch stimmgewaltiger sind; dann wird man die Schauspieler gut erkennen können – sie werden dann durch das Feuer noch viel lockerer sein –; dann wird der Wagenlenker zu sehen sein, wie er am ganzen Körper rot auf seinem lodernden Wagen steht; dann wird man die Athleten betrachten können – nicht in ihren Ringschulen, sondern im Feuer, in das sie geschleudert wurden; es sei denn, ich will diese Leute nicht einmal dann sehen, weil es mir lieber ist, meinen Blick unersättlich auf diejenigen zu richten, die gegen den Herrn gewütet haben. »Der hier«, werde ich dann sagen, »ist jener Sohn eines Zimmermanns oder einer Dirne, der Sabbatschänder, der Samariter, jener, der den Teufel im Leib hat. Der hier ist es, den ihr von Judas gekauft habt, der hier ist es, der mit Rohrstock und Fäusten geschlagen und durch Anspeien seiner Würde beraubt worden ist, dem man Galle und Essig zu trinken gegeben hat; der hier ist es, den seine Jünger heimlich weggenommen haben, damit es heißen kann, er sei auferstanden, oder den der Gärtner beiseite geschafft hat, damit seine Salatköpfe nicht durch die große Zahl der Besucher Schaden nähmen«. So etwas anzuschauen, über so etwas zu jubeln: Welcher Praetor oder Consul, Quaestor oder Priester wird dir *das* mit seiner Freigebigkeit bieten können? Und doch haben wir das alles schon in gewisser Weise bildlich vor Augen, da es sich der Geist dank des Glaubens vorzustellen vermag. Und im übrigen: Was sind das für Dinge, »die kein Auge gesehen und kein Ohr gehört hat und die in keines Menschen Herz gekommen sind?« Angenehmere, denke ich doch, als Circus, Theater, Amphitheater und jedes Stadion.

Übers. von Karl-Wilhelm Weeber

Editorische Notiz

Der Text der vorliegenden Ausgabe folgt: Nietzsche. Werke. Kritische Gesamtausgabe. Herausgegeben von Giorgio Colli und Mazzino Montinari. Sechste Abteilung. Zweiter Band. Berlin: Walter de Gruyter, 1968. Die in eckigen Klammern beigefügte Seitenzählung verweist auf Band 5 der textidentischen Kritischen Studienausgabe sämtlicher Werke in 15 Bänden, die 1980 im Deutschen Taschenbuch Verlag und im Verlag Walter de Gruyter erschienen ist. Die von Nietzsche gegebenen Seitenhinweise beziehen sich auf die ihm vorliegenden Erstausgaben.

Nachwort

Nietzsche lesen

Am 8. Juni 1887 entwirft Nietzsche einen Brief, in dem er Rückschau auf die Arbeit der letzten Monate hält. *Jenseits von Gut und Böse* ist im Herbst des Vorjahres erschienen; bis Ostern werden nur 114 Exemplare verkauft – in der Tat eine enttäuschende Bilanz. Im Winter und Frühjahr 1887 hat er sich mit der Neuausgabe seiner früheren Bücher beschäftigt, hat neue Vorreden geschrieben, alle Aphorismen der siebziger Jahre unter dem Titel *Menschliches, Allzumenschliches* zusammengefaßt und der *Fröhlichen Wissenschaft* ein fünftes Buch hinzugefügt. Er hat gewissermaßen letzte Hand an seine Werke gelegt, und es sieht so aus, als wolle er damit seine literarische Produktion beenden: »Nachdem ich meiner gesamten bisherigen Litteratur nunmehr eine Art letzter Oelung gegeben und von ihr mit Zärtlichkeit Abschied genommen habe will es mir scheinen, als ob es überhaupt mit allem Veröffentlichen von Büchern bei mir jetzt vorbei sei [...].«[1]

Der dann zehn Tage später, am 17. Juni, an Franz Overbeck geschriebene Brief verstärkt diesen Eindruck. Was soll nach all den Mißerfolgen ein weiteres Buch? »Diese letzten Jahre auszuhalten – das war vielleicht das Schwerste, was mir überhaupt mein Schicksal bisher zugemuthet hat. Nach einem solchen Anrufe, wie mein Zarathustra es war, aus der innersten Seele heraus, nicht einen Laut von Antwort zu hören, nichts, nichts, immer nur die lautlose, nunmehr vertausendfachte Einsamkeit [...].«[2]

---

1 Brief an Franz Overbeck vom 8. Juni 1887 (Nr. 858, Entwurf); F. Nietzsche, *Sämtliche Briefe. Kritische Studienausgabe in 8 Bänden*, hrsg. von G. Colli und M. Montinari, München 1986, Bd. 8, S. 88 f. [im folgenden zit. als: KSB mit Band- und Seitenzahl].
2 Brief an Franz Overbeck vom 17. Juni 1887 (Nr. 863); KSB 8,93.

Aber es ist nicht nur der Mißerfolg seiner Bücher, der ihm zu schaffen macht. Am 22. Juni schreibt er an Heinrich Köselitz, bei ihm sei eine »förmliche décadence« ausgebrochen: »meine Gesundheit übt ihre alten miserabelsten Weisen wieder ein, die Ermattung selbst an sogenannten ›gesunden‹ Tagen ist unheimlich, nachts versinke ich oft in eine Muthlosigkeit und Desperation, die mir Scham einflößt«.³ Am 30. Juni wiederholt er die Klage gegenüber Overbeck.

Diese Situation muß man sich vergegenwärtigen, um einen Begriff von der Mitteilung zu bekommen, die Nietzsche am 17. Juli 1887, also keine drei Wochen nach der letzten Verzweiflungsmeldung, von Sils-Maria nach Leipzig schickt: »Hier, geehrtester Herr Verleger, ist eine kleine Streitschrift in direktem Zusammenhange mit dem vorigen Jahr erschienenen ›Jenseits‹ steht: schon dem Titel nach. Vielleicht bringt sie das zu wege, die Aufmerksamkeit auf jenes Buch zu lenken: obschon sie gewiß nicht in dieser Absicht entstanden ist.«⁴ Die »Streitschrift« ist *Zur Genealogie der Moral.* Als Abhandlung zur Moral ist sie

3 Brief an Heinrich Köselitz vom 22. Juni 1887 (Nr. 864); KSB 8,95.
4 Brief an Constantin Georg Naumann vom 17. Juli 1887 (Nr. 877); KSB 8,111. Am selben Tag bittet Nietzsche in einem Brief (Nr. 876) an Overbeck, der in Basel einen Lehrstuhl für Kirchengeschichte innehat, um eine Stelle aus der Schrift *Über die Schauspiele* des Kirchenvaters Tertullian (155–222 n. Chr.): »Lieber Freund, eine Bitte an Dich als ›Kirchenvater‹ – mir fehlt dringlich eine Stelle des Tertullian, in der diese schöne Seele die Freuden voraus schildert, welche er im ›Jenseits‹ genießen werde beim Anblick der Martern seiner Feinde und Antichristlich-Gesinnten: die Martern werden sehr ironisch und bösartig spezialisirt in Anspielung auf die ehemaligen Berufsarten dieser Feinde. Ist es Dir möglich, Dich dieser Stelle zu erinnern? und sie mir eventuell zu senden? (originaliter oder auch übersetzt: ich habe sie deutsch nöthig)« (KSB 8,109 f.). – Offenbar hat Overbeck den Text gefunden; er ist im 15. Abschnitt der ersten Abhandlung der *Genealogie der Moral* [im folgenden zit. als: GM; in Klammer Seitenzahl der vorl. Ausg.] wiedergegeben. Overbecks Brief ist nicht erhalten. Vermutlich hat er den Text in lateinischer Fassung geschickt, die Nietzsche dann nicht übersetzt hat. Ob der Fehler in GM 1,15 (S. 40): »vivos«, statt richtigerweise »visos«, auf Overbeck oder auf Nietzsche zurückgeht, ist nicht mehr zu ermitteln.

auf die Begriffe »gut« und »böse« bezogen, womit der Zusammenhang zu *Jenseits von Gut und Böse* hinreichend deutlich ist.

Später, in *Ecce homo*, betont Nietzsche mit Recht die inhaltliche Selbständigkeit der Schrift. Er sieht in ihr die entscheidende psychologische Vorarbeit für die »Umwerthung aller Werthe«: in der *ersten* Abhandlung eine Psychologie des Christentums, das er aus dem »Geiste des Ressentiment« erklärt; in der *zweiten* eine Psychologie des Gewissens, verbunden mit einer Darstellung der kulturellen Selbstdisziplinierung des Menschen; in der *dritten* die Psychologie des asketischen Ideals, mit der er über die Macht der Priester aufklären will. Die Absicht also ist, den Ursprung und Stammbaum der bislang herrschenden moralischen Werte aufzuzeigen, um damit den Weg für eine *neue Wertung* zu öffnen. Die *Kritik* ist Nietzsche gelungen; sein Buch hat schon bald sowohl in der Sache wie auch in ihrem genealogischen Verfahren außerordentlich breit gewirkt. Nur die *neue Wertung*, das »G e g e n - I d e a l«, die »zwischen dicken Wolken« sichtbare »n e u e Wahrheit«,[5] ist auch nach hundert Jahren nicht so recht zum Vorschein gekommen. Liegt das an Nietzsche oder an seinen Lesern?

Im Anschluß an gelegentliche Bemerkungen Nietzsches wird heute gern darauf verwiesen, daß wir noch nicht gelernt hätten, ihn richtig zu lesen. Was soll das heißen? Die *Genealogie der Moral* könnte hier eine Antwort geben. Der Autor empfiehlt ja selbst die kleine Schrift als ein Mittel, die Aufmerksamkeit für die zuvor erschienenen Aphorismen zu verstärken. Sie soll somit einen Zugang eröffnen, soll eine Hilfe sein, die fragmentarisierten Gedanken in den Aphorismenbüchern zu erschließen. In der Vorrede bezeichnet er die dritte Abhandlung der *Genealogie* sogar als ein »Muster«

---

5 »Genealogie der Moral«, in: *Ecce homo* [im folgenden zit. als: EH]; F. Nietzsche, *Sämtliche Werke. Kritische Studienausgabe in 15 Bänden*, hrsg. von G. Colli und M. Montinari, München 1980, Bd. 6, S. 352 [im folgenden zit. als: KSA mit Band- und Seitenzahl].

dafür, wie er überhaupt zu lesen sei. Wie ist das zu verstehen?

Nietzsche, das muß man vorab beachten, ist kein »professioneller« Philosoph. Er hat nie Philosophie studiert und sich zu keiner Schule bekannt. Von den philosophischen Größen seines Jahrhunderts hat er nur den Außenseiter Schopenhauer wirklich gelesen. In einem autobiographischen Bericht über die Leipziger Studienjahre schildert er, wie er durch Zufall (»Ich weiß nicht welcher Dämon mir zuflüsterte: ›Nimm dir dies Buch [...]‹.«) auf dessen *Welt als Wille und Vorstellung*[6] stößt, es in einem Leserausch verschlingt und sogleich danach zu leben versucht.[7] Mit Schopenhauer zieht er dann bis zuletzt gegen die »›Wiederkäuer‹ und andren Professoren der Philosophie« zu Felde[8] und kümmert sich kaum um philosophische Fachliteratur.

Mit Ausnahme Platons, den Nietzsche zusammen mit anderen griechischen und lateinischen Klassikern in der Schule kennenlernt, liest er nur wenige der großen Denker im Original: Bei Kant, den er oft und zumeist mit unerhörter Treffsicherheit zitiert und kritisiert, bemüht er sich nachweislich nur um die *Kritik der Urteilskraft*; auf Anregung Cosima Wagners setzt er sich mit Eduard von Hartmanns *Philosophie des Unbewußten* auseinander; im Sommer 1881 nimmt er wohl auch Spinozas *Ethik* zur Hand; im Urteil über Hegel, um nur ein weiteres Beispiel zu nennen, verläßt er sich weitgehend auf dessen Kritiker. Bestens vertraut ist er dagegen schon seit der Schulzeit mit der pragmatisch-romantischen Lebensphilosophie Ralph Waldo Emersons, dessen *Essays* ihn auf allen seinen Reisen begleiten.[9] Was er sonst aus der Geschichte des philosophischen

6 A. Schopenhauer, *Die Welt als Wille und Vorstellung*, Leipzig 1818 (2., erw. Aufl. 1844; 3. Aufl. 1859).
7 »Rückblick auf meine zwei Leipziger Jahre. 17. Oktober 1865 bis 10. August 1867«, in: F. Nietzsche, *Werke in drei Bänden*, hrsg. von K. Schlechta, Bd. 3, München 1966, S. 133.
8 »Die Unzeitgemäßen 3«, in: EH; KSA 6,320.
9 R. W. Emerson, *Versuche*, übers. von G. Fabricius, Hannover 1858.

Denkens weiß, bezieht er aus der Sekundärliteratur, vornehmlich aus den großen Darstellungen Kuno Fischers und Friedrich Albert Langes.[10]

Daraus darf man aber nicht den Schluß ziehen, Nietzsche sei die Tradition der Philosophie gleichgültig gewesen. Er eignet sie sich nur auf andere Weise an. Trotz seiner Augenschwäche ist er ein unersättlicher Leser, der kaum ein Wissensgebiet ausläßt. Dabei setzt er ganz andere Prioritäten, als es die Philosophiegeschichtsschreibung normalerweise tut: Er bemüht sich um die naturwissenschaftlichen Kenntnisse seiner Zeit, verfolgt die literarischen Diskurse, kennt die Romantik, orientiert sich an Hölderlin, Schiller und vor allem an Goethe, verehrt Voltaire, nimmt sich die französischen Moralisten zum Vorbild und stellt die Vorsokratiker, einschließlich der Sophisten, über alles, was auf Sokrates und Platon folgt. Erst heute, vor allem durch Montinaris Kommentare zur Kritischen Gesamtausgabe,[11] wird in vollem Umfang bewußt, welchen immensen Stoff der in vielem so original und unbelastet erscheinende Nietzsche aufgenommen, in genialischer Manier verstanden und in seinen Schriften verarbeitet hat. Aus den Fäden alter Texte webt Nietzsche ständig neue; ein Verfahren, das er zwar nicht transparent macht, das ihm aber sehr wohl bewußt ist und das er auch auf die philosophische Begriffsbildung überträgt. Wenn Nietzsche z. B. daran zweifelt, ob die »Seele als etwas Unvertilgbares, Ewiges, Untheilbares« anzusehen ist, und er es daher für angemessener hält, sie als eine »Subjekts-Vielheit«, einen »Gesellschaftsbau der Triebe und Affekte« zu bezeichnen,[12] dann kann auch der Philosoph nicht länger als souveräner Kopf gelten, der alle Begriffe nur aus seiner

10 K. Fischer, *Geschichte der neuern deutschen Philosophie*, Bd. 4, Tl. 1/2 (Kant), Leipzig 1862; F. A. Lange, *Geschichte des Materialismus*, Iserlohn 1866.

11 Hingewiesen sei hier nicht nur auf die Erläuterungen im Band 14 der KSA, sondern auch auf die bereits vorliegenden Kommentarbände im Rahmen der Kritischen Gesamtausgabe.

12 *Jenseits von Gut und Böse* 12; KSA 5,27.

eigenen Einsicht schöpft. Die Denker werden zu einer Art
Medium, in dem sich die Abstraktionen vollziehen: »irgend
Etwas in ihnen führt sie, irgend Etwas treibt sie in bestimmter Ordnung hinter einander her, eben jene eingeborne
Systematik und Verwandtschaft der Begriffe«.[13] Die Philosophen gehorchen den tief in der Sprache verwurzelten
grammatischen Funktionen; ihr Denken ist ein »Wiederer-
kennen, Wiedererinnern, eine Rück- und Heimkehr in einen
fernen uralten Gesammt-Haushalt der Seele, aus dem jene
Begriffe einstmals herausgewachsen sind.« Der Philosoph
ist, mit einem Wort, ein »Baum« der Erkenntnis.[14]

Dieses Verständnis des Philosophierens berührt die Auffassung philosophischer Textproduktion unmittelbar. Auch
der Autor kann nicht länger als »individuum« gelten; er ist
»dividuum«, so sehr er auch auf seiner Freiheit, Einsamkeit,
ja Einzigkeit, bestehen mag. Als Erkennender ist er sich
selbst der Fernste. Er kann keine letzten Gründe für seine
Gedanken angeben. *Was* er schreibt, ist das Zeichen einer
weit hinter ihn zurückreichenden Aufnahme und Ordnung
von Eindrücken; *wie* er es sagt, ist Ausdruck einer Stimmung, über die er selber nicht verfügt. Das Ich des Autors
diktiert die Sätze nicht, sondern fungiert nur als Begleiter in
einem Prozeß, den es in seiner Gesamtheit nicht überschaut.
Das Ich sorgt sich nur darum, daß überhaupt etwas zustande
kommt. »Wir sind uns unbekannt, wir Erkennenden, wir
selbst uns selbst [. . .]. Wir sind immer dazu unterwegs, als
geborne Flügelthiere und Honigsammler des Geistes, wir
kümmern uns von Herzen eigentlich nur um Eins – Etwas
›heimzubringen‹.«[15] Nicht zuletzt diese Selbsteinschätzung
Nietzsches als Philosoph und Autor hat ihn heute bei Struk-
turalisten, Dekonstruktivisten und Postmodernen so interessant gemacht.

Vor dem dichten, aber weitgehend abgeschatteten Bil-

13 Ebd. 20; KSA 5,34.
14 Ebd. und GM, Vorr. 2 (S. 4).
15 GM, Vorr. 1 (S. 3).

dungshintergrund erwachsen einer kritischen Nietzsche-Interpretation Probleme, von denen man bei dem so leicht erscheinenden Lesevergnügen der Aphorismen nichts ahnt. Nietzsche teilt sich dem Leser ohne gelehrten Aufwand und scheinbar voraussetzungslos mit. Will man aber in systematischer Absicht klarstellen, was in einem Satz oder einer Passage ausgesagt ist, hat man zunächst auf das zu achten, worauf Nietzsche sich stützt und was in vielen Fällen nur durch ihn hindurch spricht, ohne selbst seine Meinung zu sein. Seine Texte spiegeln in vielfachen Brechungen Ansichten anderer Autoren, ohne auf die Wiedergabe eines bestimmten Bildes angelegt zu sein. Erst wenn man bestimmte Positionen einnimmt, die sich etwa aus Nietzsches Affinität zu den frühen Griechen, zu dem über alles geschätzten Goethe oder zu dem in einem Akt der Selbsterhaltung auf Distanz gebrachten Richard Wagner ergeben, gelingt es, seine eigene Ansicht zu ermitteln. Aber auch hier ist man auf vorsichtiges Erdeuten angewiesen; oft kommt man über Verfahren, die Nietzsche selbst sehr schätzte, über das »Erraten« und »Aushorchen«, nicht hinaus.

Die Interpretation ist überdies dadurch erschwert, daß Nietzsche in vielem konsequenter und problembezogener denkt, als seine Aphorismenbücher vermuten lassen. Nur gelegentlich, wie in der hier vorliegenden *Genealogie der Moral* oder in dem nachgelassenen Aufsatz *Ueber Wahrheit und Lüge im aussermoralischen Sinne*, gibt er eine Kostprobe von seiner Fähigkeit, systematisch zu denken. Offenbar aber haben seine systematischen Leistungen seinen eigenen hohen Ansprüchen nicht genügt, so daß er die in den Entwürfen noch erkennbaren Zuammenhänge in den Publikationen auflöst und somit bewußt verrätselt. Nimmt man nun noch hinzu, daß Nietzsches Wirkungen in Kunst, Wissenschaft und Politik so vielfältig und verzweigt wie wohl bei keinem anderen Autor des 19. Jahrhunderts sind (Hegel, Kierkegaard oder Marx haben jeweils eindeutigere Spuren hinterlassen), dann ist es nicht übertrieben zu sagen, daß die kritisch-systematische Nietzsche-Forschung zu den schwierigsten Aufgaben der Gegenwartsphilosophie gehört.

Von diesen Schwierigkeiten sollte man wissen, wenn man sich heute mit Nietzsche beschäftigt. Aber man darf sich von ihnen auch nicht irritieren lassen, insbesondere dann nicht, wenn man sich seinem Denken erst nähert. Hier hat man die *Freiheit*, ihn erst einmal so zu nehmen, wie man ihn versteht. Die *stilistische Brillanz*, die *existentielle Direktheit*, die *schonungslose Kritik*, die *Lust an überraschenden Pointen* und der *Überfluß an poetischen Bildern* lassen Langeweile nie aufkommen und führen anscheinend mühelos ins philosophische Fragen ein.

Nietzsche behandelt die Probleme wie Krankheiten, unter denen er leidet. Unabhängig von Begriffs- und Schultraditionen eröffnet er einen literarischen Zugang zum Staunen, mit dem auch in der Moderne das Philosophieren noch beginnt. Seine Erlebnis- und Mitteilungsfähigkeit schaffen die Anteilnahme, die man benötigt, um die existentielle – und somit philosophische – Dimension eines Problems zu erkennen. Nietzsche kann auf den modernen Leser so wirken, wie man sich die Wirkung des Sokrates auf seine Zuhörer vorstellt. Diese Chance sollte man sich nicht entgehen lassen. Um sie wahrzunehmen, braucht man Nietzsche nur zu lesen, braucht man sich diesem freien Geist nur einmal eine Weile zu überlassen.

Der Vergleich mit Sokrates mag künstlich erscheinen. Stellt man aber die modernen Lebensbedingungen in Rechnung, dann springen gerade im Unterschied die Gemeinsamkeiten ins Auge: Auch Nietzsche ist ein Suchender, der nicht vorgibt, wirklich etwas zu wissen. Auch er will kein System lehren, sondern möchte, daß jeder die Wahrheit in sich selber findet. Dazu muß er, wie Sokrates, mit den andern ins Gespräch kommen. Allerdings spricht er seine Zuhörer nicht mehr auf dem Marktplatz an, sondern als »Rufer in der Wüste« hat er darauf zu warten, daß ihn einer versteht.

Die wichtigste Gemeinsamkeit liegt darin, daß es Sokrates wie Nietzsche letztlich um Selbsterkenntnis geht, um das »gnothi seauton« des Delphischen Orakels, das sich Sokrates zum Wahlspruch gemacht hat und in dessen Zeichen sich Nietzsche einen »Psychologen« nennt. Der bohrende Zweifel des modernen Denkers ist freilich, ob es ein »Selbst«, ein »Ich« des Menschen überhaupt gibt. Das ist kein distanzierter »methodischer Zweifel« wie beim »cogito« des Descartes; bei Nietzsche sind Zweifel und Verzweiflung oft nicht zu trennen. »Sum in puncto d e s p e r a t i o n i s. Dolor vincit vitam voluntatemque.« Dies schreibt er im Sommer 1881, in den Monaten höchster Produktivität.[16] So ist er abgründig und ursprünglich zugleich.

Um die desperate Spontaneität Nietzsches zu erfahren, benötigt man keine Sekundärliteratur. Man braucht seine Texte nur zu *lesen*; das Bedürfnis nach Kommentar und systematischer Erklärung entsteht schon von selbst, sobald eine Anregung aufgenommen und zum Problem geworden ist. »Wer nicht den Mut und die Ausdauer des Denkens aufbringt, mit Nietzsches Schriften sich einzulassen, braucht auch nichts *über* ihn zu lesen.« So hat es Heidegger in seinen Nietzsche-Vorlesungen gesagt. Giorgio Colli, der Spiritus rector und langjährige Mitherausgeber der Kritischen Gesamtausgabe hat diese Einsicht mit der für ihn typischen Pointierung zum Ausdruck gebracht: »Nietzsche braucht keine Interpreten. Von sich und seinen Ideen hat er selber gesprochen, zur Genüge und in der allerklarsten Weise. Es geht nur darum, gut zuzuhören, ohne Zwischenträger.«[17]

Nietzsche lesen ist der Titel einer Aufsatzsammlung von

16 »Bin in tiefster Verzweiflung. Der Schmerz besiegt das Leben und den Willen.« Brief an Franz Overbeck vom 18. September 1881 (Nr. 149); KSB 6,128. Wenige Wochen zuvor faßt Nietzsche den Gedanken der ewigen Wiederkunft, der Begriff des Willens zur Macht entwickelt und die Figur des Zarathustra wird konzipiert.
17 G. Colli, *Nach Nietzsche*, Stuttgart 1980, S. 27; M. Heidegger, *Nietzsche*, Pfullingen 1961, Bd. 1, S. 19.

Mazzino Montinari,[18] des im November 1986 verstorbenen
bedeutenden italienischen Philologen, dem wir die Kritische
Gesamtausgabe und die Kommentare verdanken. Auch der
Text der vorliegenden Edition ist der Ausgabe von Colli und
Montinari entnommen. Ähnliche Titelformulierungen sind
in den letzten Jahrzehnten auch schon für Marx, Kant und
Rousseau verwendet worden. Sie geben in jedem Fall eine
richtige Empfehlung, denn bevor man über einen Autor
nachdenkt oder sich gar über ihn äußert, sollte man ihn
lesen. Aber bei Nietzsche hat die Betonung der Lektüre
einen besonderen Sinn. Es gibt bei ihm keinen dominieren-
den Gedanken, kein System oder Prinzip, zu dessen Mitteilung der Text dient. Gedanke und Ausdruck sind hier
unmittelbar aufeinander bezogen; die Situation und das
nächste Umfeld sind entscheidend. Auf den Anlaß, den
Tonfall, auf Nuancen und Pointen kommt hier mitunter
alles an; nicht weniger aber auf den engeren und weiteren
Zusammenhang, die heitere Stimmung, die lockere Form
oder die Beiläufigkeit einer Äußerung.

»Text« ist das Gewebe, mit dem sich Nietzsche nicht nur
zeigt und schmückt, sondern auch verhüllt, und das er auch
deshalb so ausdrücklich produziert, weil er meint, daß es
den Gedanken »hinter« dem Text gar nicht gibt. Natürlich
stellt bereits eine solche Meinung einen von konkreten For-
mulierungen unabhängigen Gedanken dar, der aber dem
Leser zunächst nur anzeigt, welche Priorität das geschriebene Wort bei Nietzsche haben soll. Deshalb sollte man so
wenig wie möglich deduzieren oder rekonstruieren. Und
wenn man es aus systematischem Interesse doch versucht,
dann hat man allen Grund, vorher wie nachher, genau auf
die Textstellen zu achten – nicht zuletzt auf die Gedanken-
striche, Auslassungspunkte, Anführungszeichen und das bei
Nietzsche nicht seltene, aber oft überraschende Fragezeichen.

18 M. Montinari, *Nietzsche lesen*, Berlin / New York 1983; siehe besonders
   den unter demselben Titel stehenden ersten Aufsatz dieses Bandes.

Bedenkt man den Kontext, die Dichte des sprachlichen Gewebes und die Feinheiten des Schriftsatzes, dann kann man zumindest verstehen, warum Giorgio Colli das Zitieren aus Nietzsches Aphorismen für unredlich hält: »Ein Fälscher ist, wer Nietzsche interpretiert, indem er Zitate aus ihm benutzt; denn er kann ihn all das sagen lassen, worauf er selber aus ist, indem er authentische Worte und Sätze nach freiem Belieben geschickt arrangiert.«[19]

Natürlich ist diese Ansicht übertrieben. Sie läßt sich schon aus praktischen Gründen nicht aufrechterhalten, weil sie letztlich verbietet, daß man über Nietzsches Texte spricht. Gleichwohl pointiert sie die schwierige Lage, in der sich jeder findet, der die Aphorismen zu deuten versucht. Keine Deutung kann auf Begriffe verzichten, und jeder Begriff stellt einen Zusammenhang her. Mit jedem Begriff ist die bloße sinnliche Gegenwart überschritten und der Keim zum System gelegt.

Nietzsche lesen, so hat es Montinari im Anschluß an den aufmerksamen Nietzsche-Leser Thomas Mann ausgeführt, ist eine »Kunst«, die auch bedeutet, daß man sich nicht verengen läßt »durch isolierte Formeln, durch Radikalismen, durch das Wörtlichnehmen seiner Aussagen, und der es dennoch gelingt, nicht ins Unverbindliche abzugleiten«.[20] Man hat also sehr genau und doch wieder großzügig zu sein; man soll bestimmt sein, ohne sich festzulegen – wahrhaftig eine Kunst, die mit wissenschaftlichen Mitteln allein nicht zu bewältigen ist.

Mit der *Genealogie der Moral* haben wir nun den einmaligen Fall vor uns, daß Nietzsche selbst vorzuführen sucht, wie seine Schriften zu lesen sind. Nach seinen eigenen Worten will er in der dritten Abhandlung dieses Buches ein »Muster« dafür bieten, wie er auszulegen ist. »– dieser

19 G. Colli, *Nach Nietzsche*, S. 209.
20 M. Montinari, *Nietzsche lesen*, S. 3; vgl. Th. Mann, »Nietzsches Philosophie im Lichte unserer Erfahrung« (1947), in: Th. M., *Essays*, hrsg. von H. Kurzke, Frankfurt a. M. 1978, Bd. 3, S. 261.

Abhandlung ist ein Aphorismus vorangestellt, sie selbst ist dessen Commentar.«[21] Im Kommentieren seines eigenen Textes möchte er *als Autor* vorführen, was *sein Leser* können muß. Er nennt es, mit einem gern gebrauchten Bild, »Wiederkäuen«, spricht aber zugleich vom »Lesen als Kunst«. Kunst ist etwas, das gelernt und geübt sein will. Der »moderne Mensch«, der die Zeilen nur überfliegt, um auf das Wesentliche zu achten, hat also von seinen Gewohnheiten abzugehen. Er hat das Wiederholen zu lernen; er muß sich darauf verstehen, den Text *mehrfach* – und das heißt unvermeidlich: *in verschiedenen Hinsichten* – auszulegen.

Man neigt dazu, in solchen Aufforderungen nur die übliche Autoreneitelkeit zu sehen. Welcher Autor wünschte sich nicht den gründlichen Leser, der mehrfach zu seinen Schriften zurückkehrt? Wer kokettierte nicht zumindest gern mit einem solchen Wunsch? Nietzsche ist von solchen Anwandlungen gewiß nicht frei. Aber in seiner Aufforderung zum »Wiederkäuen« steckt noch etwas anderes, was den üblichen Autorenwünschen zuwiderläuft: Es ist nämlich auch gesagt, daß der Sinn des Textes *nicht* auf der Hand liegt. Hier ist nichts offenkundig; das Wichtige ist nicht auf den ersten Blick zu erfassen. Was gemeint ist, muß erst erschlossen und erdeutet werden. Wenn das aber schon der Autor betont, dann bestreitet er die Eindeutigkeit des Textes und gesteht dessen *Mehrdeutigkeit* ein.

Es wäre nun gewiß ein Mißverständnis, würde man die *Genealogie* als die eindeutige Auslegung vieldeutiger Aphorismen ansehen. Gerade dieses so extrem einseitig erscheinende Buch bedarf der geduldigen, der gelassenen Lektüre, wenn man etwas von seinem Reichtum erfahren will. Auf den ersten Blick mag es wie die Programmschrift des »aristokratischen Radikalismus« erscheinen,[22] als Endabrechnung

---

21 GM, Vorr. 8 (S. 11).
22 Eine Formel, die einer der ersten, die Nietzsches Genie erkannten, der dänische Literaturwissenschaftler Georg Brandes, 1887 gebrauchte, um Nietzsches Denken in *Jenseits* und in der *Genealogie* zu charakterisieren.

mit der Herdenmoral, als Kampfansage an die Priesterherr-
schaft und als Plädoyer für die »blonde Bestie«. Natürlich ist
sie das alles auch. Sie ist eine literarische Provokation, die
mit ätzendem Scharfsinn und diabolischer Lust gegen die
prüde Verlogenheit des 19. Jahrhunderts zu Felde zieht.
Vieles, was uns heute bei Nietzsche überzogen vorkommt,
wird verständlich, wenn man einmal daneben hält, mit
welchem seichten Dünkel seine wissenschaftlichen und literarischen Zeitgenossen posieren. Im Vergleich zu ihnen ist
Nietzsches Darlegung destruktiv. So gesehen entwickelt sie
eine Genealogie des Verfalls.

Aber das ist eben nicht alles. Nietzsches Kritik legt Fun-
damente moralischer Einstellungen frei – und keineswegs
nur Bedingungen solcher Haltungen, die er beseitigen will.
Seine Abwertung der auf dem schöpferisch gewordenen
Ressentiment aufbauenden Mitleidsmoral kann er nur vor
dem Hintergrund eines *positiven ethischen Ideals* begründen. Es ist das Ideal des »vornehmen Menschen«, des
»nothwendig aktiven Menschen«, der sein Glück im
Handeln findet.[23] Für dieses »Ideal« – Zarathustras »Gegen-
Ideal« – gilt die »aristokratische Werthgleichung«, in der
sich »gut«, »vornehm«, »mächtig«, »schön«, »glücklich«
und »gottgeliebt« entsprechen.[24] Wer diesem Ideal folgt, der
verhält sich im Umgang mit seinesgleichen ganz selbst-
verständlich tugendhaft. Er braucht keine »Moral«, die auf
abstrakten Grundsätzen basiert, sondern er ist »sittlich«,
ganz so wie dieses Attribut bei Hegel gemeint ist.

Die natürliche Sittlichkeit bindet den Menschen aber nur
im Binnenverhältnis, also jenen gegenüber, die ihm gleich
sind. Das Ideal der Vornehmheit gilt »inter pares«, basiert
also nicht auf einer universalistischen, sondern auf einer
exklusiven, einer elitären Gleichheit. Nach außen hin, ande-

Nietzsche erachtete diesen Ausdruck als »sehr gut«. Vgl. Brief an Brandes
vom 2. Dezember 1887 (Nr. 960); KSB 8,206.
23 GM 1,10 (S. 28 f.).
24 GM 1,7 (S. 23).

ren gegenüber, hat der einzelne keine Rücksichten zu nehmen. Hier braucht er seinen Lüsten keine Zügel anzulegen
und kann sie auch in Grausamkeit ausleben. Es ist eine
wichtige anthropologische Einsicht Nietzsches, daß Grausamkeit und Lustempfindung beim Menschen eng beieinan-
derliegen, und er versucht sie in dem unglückseligen Bild
von der »blonden germanischen Bestie« zu illustrieren. Er
denkt dabei primär an das raubtierhafte Gebaren des lang-
mähnigen Löwen.[25] Der verhängnisvollen Karriere dieser
Metapher hat es leider keinen Abbruch getan, daß Nietzsche
gleich hinzufügte, zwischen den alten Germanen und den
Deutschen bestehe »kaum eine Begriffs-, geschweige eine
Blutverwandtschaft«.[26]

Die romantische und psychologisch gewiß nicht unver-
dächtige Stilisierung raubtierhafter Ausgelassenheit ist aber
keine Verherrlichung roher Naturkraft. Die lustvolle, Grausamkeiten nicht ausschließende Ausschweifung ist die Kehr-
seite der Selbstdisziplin der vornehmen Seele. Der Mensch
kann ohne »Einschliessung und Einfriedigung in den Frieden der Gemeinschaft« nicht leben; er braucht den Zwang
und die Gewohnheit, um sich »seine« (zweite oder dritte)
Natur, nämlich die *Kultur*, aufzubauen.

Nietzsche spricht demnach als Anwalt der Kultur. Nur
in ihr, so meint er, könne der Mensch zu seinesgleichen finden und »Rücksicht, Selbstbeherrschung, Zartsinn, Treue,
Stolz und Freundschaft« beweisen.[27] Nur in der Kultur
kann der Mensch sich selbst »berechenbar, regelmässig und
nothwendig« machen, alles Eigenschaften, die er braucht,
um überhaupt einen *Willen* haben, *Versprechen* halten
und eine Tat *verantworten* zu können. Erst am Ende des
langen Prozesses kultureller Selbstdomestikation tritt »die

---

25 GM 1,11 (S. 30 f.). Siehe dazu: D. Brennecke, »Die blonde Bestie. Vom
Mißverständnis eines Schlagworts«, in: *Nietzsche-Studien* 5 (1976)
S. 113–145.
26 GM 1,11 (S. 31).
27 GM 1,11 (S. 30).

Societät und ihre Sittlichkeit der Sitte« zutage, deren »reifste Frucht« das »souveraine Individuum« ist. Dieses souveräne Individuum ist in seinem »eigentlichen Macht- und Freiheits-Bewusstsein« so unabhängig, daß es sich auch wieder, wie das moralische Subjekt Kants, von der »Sittlichkeit der Sitte« ablöst und zu eigenständiger Freiheit kommt. Dieser »Freigewordne«, dieser »Herr des freien Willens«, dieser wahrhaft »»freie« Mensch« hat, so Nietzsche, das »stolze Wissen um das ausserordentliche Privilegium der Verantwortlichkeit, das Bewusstsein dieser seltenen Freiheit, dieser Macht über sich [...] dieser souveraine Mensch heisst ihn sein Gewissen ...«.[28]

Mit den Begriffen des *Willens*, der *Freiheit*, der *Verantwortlichkeit* und des *Gewissens* sind die klassischen Grundbegriffe ethischen Verhaltens versammelt. Und es hat in der Tat den Anschein, als müßte die Nietzsche-Forschung die *Genealogie der Moral* erst noch einige Male wiederkäuen, um zu erkennen, daß der Autor hier nicht nur eine radikale Kritik der Herden- und Sklavenmoral vorlegt, daß er auch nicht einfach den Gegentypus einer »Herrenmoral« verficht, sondern daß er Grundelemente eines jeden menschlichen Verhaltens herausarbeitet, die unverzichtbar sind, sobald sich der Mensch auf seine *Selbständigkeit* beruft.

Freilich müßten wir heute erst noch genauer bestimmen, was eigentlich mit Verantwortlichkeit gemeint ist und was »seinesgleichen« heißen kann. Was versteht Nietzsche unter »inter pares«, und an welche »Feinde« denkt er? Vor allem aber: In welchem Licht können wir heute solche Ab- und Ausgrenzungen nachvollziehen? Wie könnten wir sie überhaupt rechtfertigen? Vielleicht gibt es unter den Bedingungen einer klein gewordenen und insgesamt gefährdeten Welt inzwischen gar kein Fremdes und Äußeres mehr, an dem der Mensch sich guten Gewissens auslassen kann? »Seinesgleichen« ist möglicherweise das »Unseresgleichen« der Men-

---

28 GM 2,2 (S. 48 f.).

schen überhaupt? »Vornehme« und »edle« Gesinnung, auch im Sinne Nietzsches, könnte sich heute darin erweisen, daß »Selbstbeherrschung« *allen* Menschen gegenüber zu bewahren ist. Die für jede Selbständigkeit unumgängliche Abgrenzung gegenüber anderen, auf die Nietzsche so großen Wert legt, ist dadurch nicht ausgeschlossen. Denn »Zartsinn, Treue, Stolz und Freundschaft« kann man gewiß nicht jedem gegenüber zeigen. Also bleiben auch unter den Bedingungen einer egalitären Weltzivilisation noch genügend Möglichkeiten zu individueller Selbstauszeichnung.

Nietzsche sieht ganz richtig, daß ohne Individualität, ohne Bewußtsein meines *eigenen* Anspruchs, Selbstbestimmung nicht mehr ist als ein bloßes Wort. Tugend und Individualität gehören daher zusammen: »deine Tugend ist die Gesundheit deiner Seele« – so sollen wir zu sagen lernen.[29] Der wahrhaft selbständige Wille benötigt daher das »Pathos der Distanz«. Wer den Abstand nicht wahren kann, kann auch nicht eigenständig sein. Doch auch dieses Individualität ermöglichende Element souveränen Verhaltens schließt die Solidarität mit dem Nächsten nicht aus, und sie verträgt sich sehr wohl mit der prinzipiellen Anerkennung des anderen, auch des »Fremden«. Hierzu müßte man nun wieder lesen, was Nietzsche über die Achtung des Feindes sagt.

Es fehlt jedoch noch viel, ehe wir so weit sind, in Nietzsche *auch* einen Theoretiker der Tugend zu erkennen. Sollten wir gelernt haben, mit der Vieldeutigkeit seiner Texte umzugehen, gelingt es uns vielleicht, in ihm nicht nur den Kritiker der überlieferten Moral, sondern auch den Philosophen individueller Selbstbestimmung zu sehen.

Wie wichtig es gerade unter modernen Lebensbedingungen ist, die selbstbewußte Selbständigkeit zu betonen, hat Nietzsche z. B. in der dritten Abhandlung über die Bedeutung »asketischer Ideale« anschaulich gemacht: »Seit Koper-

29 *Fröhliche Wissenschaft* 120; KSA 3,477.

nikus scheint der Mensch auf eine schiefe Ebene gerathen, – er rollt immer schneller nunmehr aus dem Mittelpunkte weg – wohin? in's Nichts? in's ›durchbohrende Gefühl seines Nichts‹?«[30]

Man lese auch hier genau und beachte die Anführungs- und Fragezeichen. Nur wer das versteckte Zitat aus Schillers *Don Carlos* beachtet, erkennt, daß hier ein Nichts gemeint ist, das *in uns selber* liegt. Die »Selbstverkleinerung des Menschen« ist die Gefahr, die Nietzsche für den modernen Menschen sieht. Dieser Gefahr sucht er mit seiner *Genealogie der Moral* entgegenzutreten. Und vielleicht verstehen wir, was er meint, wenn wir in dieser Schrift nicht nur die Geschichte eines Niedergangs, sondern auch die Ahnentafel des selbstbewußten, selbständigen Menschen zu lesen lernen.

Volker Gerhardt

30 GM 3,25 (S. 157); siehe hierzu die Deutung von F. Kaulbach, »Autarkie und perspektivische Vernunft bei Nietzsche«, in: J. Simon (Hrsg.), *Nietzsche und die philosophische Tradition*, Bd. 1, Würzburg 1985, S. 90–105.

Inhalt

Friedrich Nietzsche

IN RECLAMS UNIVERSAL-BIBLIOTHEK

Philipp Reclam jun. Stuttgart

Deutsche Philosophen der Gegenwart

IN RECLAMS UNIVERSAL-BIBLIOTHEK

Auswahl

Hans Albert: Kritische Vernunft und menschliche Praxis. 5 Texte. Autobiogr. Einl. 9874 [2]

Hans Blumenberg: Wirklichkeiten, in denen wir leben. 6 Texte. 7715 [2]

Rüdiger Bubner: Zur Sache der Dialektik. 4 Texte. 9974 [2]

Hans Ebeling: Freiheit, Gleichheit, Sterblichkeit. Philosophie nach Heidegger. 8 Texte. 7776 [2]

Iring Fetscher: Arbeit und Spiel. Essays zur Kulturkritik und Sozialphilosophie. 8 Texte. Autobiogr. Einl. 7979 [2]

Hans-Georg Gadamer: Die Aktualität des Schönen. Kunst als Spiel, Symbol und Fest. 9844

Jürgen Habermas: Politik, Kunst, Religion. 6 Texte. 9902 [2]

Rudolf Haller: Facta und Ficta. 9 Texte. 8299 [2]

Dieter Henrich: Selbstverhältnisse. Gedanken und Auslegungen zu den Grundlagen der klassischen Philosophie. 7 Texte. 7852 [2]

Hans Lenk: Pragmatische Vernunft. 8 Texte. 9956 [2]

Paul Lorenzen: Theorie der technischen und politischen Vernunft. 6 Texte. 9867 [2]

Hermann Lübbe: Praxis der Philosophie. Praktische Philosophie. Geschichtstheorie. 7 Texte. 9895 [2]

Odo Marquard: Abschied vom Prinzipiellen. 6 Texte. 7724 [2]

Günther Patzig: Tatsachen, Normen, Sätze. 7 Texte. Autobiogr. Einl. 9986 [2]

Manfred Riedel: Norm und Werturteil. Grundprobleme der Ethik. 4 Texte. 9958 [2]

Alfred Schmidt: Kritische Theorie, Humanismus, Aufklärung. 6 Texte. 9977 [2]

Walter Schulz: Vernunft und Freiheit. 7 Texte. 7704 [2]

Robert Spaemann: Philosophische Essays. 7 Texte. 7961 [2]

Wolfgang Stegmüller: Rationale Rekonstruktion von Wissenschaft und ihrem Wandel. 5 Texte. Autobiogr. Einl. 9938 [2]

Ernst Tugendhat: Probleme der Ethik. 4 Texte. 8250 [2]

Carl Friedrich von Weizsäcker: Ein Blick auf Platon. Ideenlehre, Logik und Physik. 5 Texte. 7731 [2]

Philipp Reclam jun. Stuttgart

Geschichte der Philosophie
in Text und Darstellung

Band 1: *Antike.* Hrsg. von Wolfgang Wieland. 9911 [5]

Band 2: *Mittelalter.* Hrsg. von Kurt Flasch. 9912 [6]

Band 3: *Renaissance und frühe Neuzeit.* Hrsg. von Stephan Otto. 9913 [5]

Band 4: *Empirismus.* Hrsg. von Günter Gawlick. 9914 [5]

Band 5: *Rationalismus.* Hrsg. von Rainer Specht. 9915 [5]

Band 6: *Deutscher Idealismus.* Hrsg. von Rüdiger Bubner. 9916 [5]

Band 7: *19. Jahrhundert.* Positivismus, Historismus, Hermeneutik. Hrsg. von Manfred Riedel. 9917 [5]

Band 8: *20. Jahrhundert.* Hrsg. von Reiner Wiehl. 9918 [6]

Alle acht Bände auch in Kassette erhältlich.

»Diese Unternehmung besticht durch einen gescheiten Ausweg aus dem Dilemma, in das uns die Einsicht führt, daß es einen unparteiischen Standpunkt vielleicht nur für den lieben Gott gibt. Sie verfügt über eine Konzeption, die die je verschiedene Eigenart der geistigen Standpunkte und Perspektiven schon durch die Kombination der literarischen Gattungen herausstellt. Die Brauchbarkeit für das philosophische Bildungswesen wird dadurch sehr gefördert. Besonders für die neu gestaltete Oberstufe des Gymnasiums, in der dem Fach Philosophie eine besondere Bedeutung zukommt, scheint die Mischung von Text und Darstellung geeignet.
Der Philosophieunterricht, der sich dieses Angebot zunutze macht, stellt die geistespolitischen Kategorien bereit, die für das Verständnis der westlichen Staatstheorien im Fach Gemeinschaftskunde erforderlich sind.« Eckhard Nordhofen, F. A. Z.

Philipp Reclam jun. Stuttgart